不用督促的学习

专注力培养篇

苏晓航 梓君 周小娴 著

北京理工大学出版社
BEIJING INSTITUTE OF TECHNOLOGY PRESS

版权专有 侵权必究

图书在版编目（CIP）数据

不用督促的学习. 专注力培养篇 / 苏晓航，梓君，周小娴著. —北京：北京理工大学出版社，2025.6

ISBN 978-7-5763-5018-0

Ⅰ. G782；G442

中国国家版本馆CIP数据核字第2025DS0627号

责任编辑：闫风华　　文案编辑：闫风华
责任校对：刘亚男　　责任印制：施胜娟

出版发行 / 北京理工大学出版社有限责任公司
社　　址 / 北京市丰台区四合庄路6号
邮　　编 / 100070
电　　话 / (010)68944451（大众售后服务热线）
　　　　　 (010)68912824（大众售后服务热线）
网　　址 / http：//www.bitpress.com.cn

版 印 次 / 2025年6月第1版第1次印刷
印　　刷 / 三河市华骏印务包装有限公司
开　　本 / 880 mm×1230 mm　1/32
印　　张 / 8.75
字　　数 / 146千字
定　　价 / 58.00元

图书出现印装质量问题，请拨打售后服务热线，负责调换

目录 CONTENTS

第1章
培养有专注力的孩子，学习不用再督促

1. "我一上课就走神"——专注力是稀缺品，但每个孩子都可以拥有 / 3

2. "怎么就控制不住自己呢"——孩子缺乏专注力？那不是孩子的错 / 6

3. "我能坚持画画啦"——保护孩子的专注点，循序渐进地养成习惯 / 10

4. "为什么我看手机就能专注"——专注力的问题，会不会是妈妈自己的痛 / 16

第2章
发现优势和兴趣，不用焦虑不用卷，也能轻松培养孩子专注力

1. "哦，原来你这么喜欢跳舞啊"——通过优势训练让孩子变得专注 / 35

2. "除了跳舞，你编程也超棒"——优势组合让孩子关注技能获得的过程 / 42

3. "你觉得还有哪些学习项目自己比较拿手"——拓展孩子的眼界，更专注优势项目 / 47

4. "你学围棋都两个小时了"——用兴趣提升孩子的专注力 / 50

5. "小蚂蚁是怎么打洞的，我们一起来观察吧"——和孩子一起做，他会更专注 / 54

6. "你数数路边有多少棵树"——让孩子像福尔摩斯一样专注 / 57

7. "找找这两幅图有几处不同"——带孩子来找茬，训练专注力 / 60

8. "这些问题都说明你在认真思考"——引导孩子思考训练专注力 / 64

9. "今天在这项学习上你坚持了两小时"——让孩子看到自己的自制力 / 67

10. "你更喜欢做哪个部分"——让孩子找到可继续坚持的点 / 70

第3章

生活环境小改变，养出有爱、和善、能干的娃

1. "桌上只有学习必备用品"——学习环境越简洁越有助于专注 / 75

2. "如果没有电子产品，我可以做什么"——减少被动干扰，孩子自然专注度高 / 79

3. "我看书，你做作业"——家长做学习的榜样，孩子更专注学习 / 85

4. "我只听，我不说话"——家长学会闭嘴，孩子更能一心一意 / 88

5. "虽然我很想知道，不过我可以等到明天"——家长有耐心，孩子不易被打扰 / 92

6. "无论你做什么决定，我都爱你"——坚定的支持，提升孩子的注意力 / 95

7. "我想请你和我一起读"——创造良好的亲子学习环境 / 100

8. "你要怎么说我才能听得懂"——让孩子学会积极沟通，内心更专注 / 103

第4章

会吃会睡会运动，专注力培养底气足

1. "我想多吃点炸鸡可以吗"——为什么垃圾食品会影响专注力 / 109

2. "为啥总让我多吃绿叶菜"——健康食物怎么吃能提升专注力 / 114

3. "晚上不想睡，早上不想起"——让孩子学会睡觉很重要 / 120

4. "无聊时就想刷短视频"——会玩，是提升专注力的一大利器 / 128

5. "妈妈，我们一起锻炼吧"——运动本身就在训练专注力 / 133

6. "足球高手的秘诀"——将运动中掌握的技能复刻到学习中 / 138

7. "哇，我现在能坐得住啦"——腹式呼吸法，打下专注的基础 / 143

8. "我喜欢和妈妈一起练习"——冥想，哪怕是小孩子也可以 / 149

第5章

孩子自我刻意训练，让专注成为习惯，在繁重的学习中胜出很容易

1. "我只做一两项"——减少任务切换，深度学习，主动专注 / 159

2. "现在只做第一部分"——切割任务，让目标变得更容易实现 / 166

3. "一边……一边……并不适用于学习"——一次只做一件事 / 170

4. "时间居然过去这么久了"——让孩子体验心流的深层快乐 / 173

5. "我居然真的做到了"——有了强烈的愿望，一切拦路虎都是纸老虎 / 180

6. "学习路漫漫，但我不气馁"——教孩子专注目标，最终取胜 / 184

7. "我相当可以"——难的事是真难，但是一直做就做成了 / 190

第6章

升级专注力到更高的水平,让孩子学会自己解决问题

1. "我现在很专注了"——破除各种诱惑,全身心专注于学习 / 199

2. "我不再被情绪所影响"——找到不专注的内部干扰源 / 208

3. "我来当故事里的主角"——让专注在创意中越来越稳固 / 217

4. "我喜欢这样的任务"——思考套路化,我的专注很简单 / 224

5. "我再也不怕走神了"——让孩子学会神游时怎样回到专注 / 232

6. "我能和压力和平相处"——让孩子练习在压力下恢复专注 / 238

7. "我能长时间保持专注啦"——几个小工具,让孩子专注力一直在线 / 243

第7章

专注力训练游戏合集

1. 专项游戏专注力训练 / 255

2. 互动游戏专注力训练 / 261

3. 自我练习专注力训练 / 266

第 1 章
培养有专注力的孩子，学习不用再督促

1 "我一上课就走神"——专注力是稀缺品，但每个孩子都可以拥有

专注力，这么一个专业的名词，在当今时代已经成为大多数父母口中的常用词。在网络中各大育儿、亲子论坛大量的讨论中，更多的是父母对自己孩子专注力不好的吐槽和求而不得的无奈，以及希望孩子拥有良好专注力的迫切心情。

从一组国家统计局发布的数据可见，在1 637.80万入学新生中，75%的孩子存在专注力不足的现象，而94%的老师认为孩子的专注力需要重点培养。这是非常惊人的数字，同时也说明了专注力的重要性。联合国教科文组织认定：专注力不足是导致学习成绩差的主要原因。

很多孩子之所以成绩差，是因为在学习的过程中，有太多分心的时候，任何一点风吹草动都极具吸引力。孩子忙着去关注他身边发生的每一件事，分散了精力，自然没有时间和精力放在学习上了。

从很多考上清华北大的学霸分享的成长故事来看，他们从小学起就比同龄人注意力更集中，更能够抗拒外在诱惑，保持高效率学习的时间更长，他们在集中注意力学习和工作

的时候，几乎可以忽略全世界，保持全身心地投入。更重要的是，只要需要，他们往往可以一天十多个小时持续这样，经年累月，从不懈怠。

我曾经跟踪了一名叫简简的小女孩，小学的时候她是个很乖巧的孩子，学习能力倒不见得有多强，就是比较听父母和老师的话，学得比较慢但一直在学习，专注力很一般。父母也不知道什么叫专注力，只要孩子成绩过得去就行。上初中之后，由于青春期的自我觉醒，她开始有了许多叛逆的行为，跟大人有了很多口舌之争，学习成绩不好不坏。有时努力一点，有时又放纵一点。父母工作也很忙，并没有特别多地关注她。后来她的中考成绩很普通，家里想办法让她又复读了一年。

在她多年后的回顾中，她说，复读的一年让她有了很多感悟，既懊悔失去了那么多时间，又担心面临考试的压力，害怕失去来之不易的机会。所以她想抓住每一点时间来学习，但是一向松散的习惯却不时地来拉扯她，导致她常常在"放松一下"和"抓紧一点"间摇摆，最后常是"抓紧一点"在"想要考上好学校"的强烈愿望的支持下占了上风。慢慢地，"放松一下"的想法出现得不那么勤

培养有专注力的孩子，学习不用再督促 第1章

了，"抓紧一点"渐渐成了习惯。这个习惯延续到了高中，从而使她成功考上了重点大学。

在我跟她聊这个话题，问她有什么心得要给现在备受学习压力折磨的孩子和为孩子专注力不强而焦虑的父母时，她认真地想了想，说："专注力是一种能力，是可以培养的。如果你的意愿足够强烈、目标足够明确，那么无论有没有父母的作用，专注力都自然会来；但是如果父母懂得在孩子小时候就开始培养，那无异于送给了孩子一件珍贵的人生礼物，让他更容易达到自己的目标。"

"怎么就控制不住自己呢"——孩子缺乏专注力？那不是孩子的错

听到过很多家长抱怨自己的孩子没有专注力：

"我真是受不了，我娃一点专注力都没有。学过的东西一转眼就忘记了，还粗心，写字时多笔少画，做题时也犯一些不应该犯的错；坐不住，外面有风吹草动就分心。"

"我儿子今年8岁，上课注意力不集中，小动作多，在座位上扭来扭去，板凳上就像长了钉子似的，自己不听课还总打扰别的同学，被老师反映多次，真是心累。"

"孩子多动好动，上课注意力不集中，做作业拖拉，粗心大意，用了很多办法都没用。他怎么不能像其他孩子那样控制住自己呢。"

在很多家长看来，专注力是控制出来的，孩子应该具有相当的自觉性，如果做不到那就是孩子品行有问题。但是这实在是冤枉孩子了。因为专注力好不好不是态度问题，也不是品行问题，不是孩子注意一点就能改变的。

专注力是一种能力，是有效使用注意力的能力。

"专注力"（attention）一词来源于拉丁语"attendere"，意为向前延伸。专注力是指集中注意力专注于某一事情或活动时的心理状态，是完成事情或学习新事物的重要基础。它能够塑造并决定我们的经验，让我们与世界相连。

认知神经科学家迈克尔·波斯纳和玛丽·罗斯柏提出："专注力机制构成了我们感知世界以及自主调节思想和感受的基础。"

而19世纪美国著名的思想家、文学家、诗人爱默生提出，"人能控制自我心智的标志是能够随自己的意图集中注意力，不分心，直到达成目标"。

这个概念看起来有点严肃，这些名言警句似乎天生就具备让人望而生畏的特质。

其实专注力有两层含义，通俗地讲：

第一层定义：竭尽全力地利用自己当下的时间。

第二层定义：持续笃定地做某一件事，把它做到极致。

第一层定义讲的更多的是我们在短时间内，如何保持专注于一个任务。而第二层定义是从更长的时间维度来看的，要专注和聚焦于某一个赛道，不要随便切换和放弃。

对孩子来说，第一层含义其实就是要求孩子做到全神贯注，集中精力在眼前的学习任务上，如作业、阅读、技能训练。在这一个时间点，或具体地来说，在安排学习的这 15~20 分钟，一分钟都不浪费，高效率完成相应的学习任务。

第二层含义是针对孩子长期的学习，找准一项兴趣爱好或者一个领域，为之深耕，一直做到有所建树。

专注的最终目的就是要把事情做成做好，达到既定的目标。了解了专注的最终目的，也就是我们的期望，有了美好的愿望，我们还要了解大脑——这个实施专注力的真正执行者的特点，看看它是否具备实现我们愿望的条件。

我们的大脑在人类进化演变过程中，拥有了两种特性：第一，大脑喜欢偷懒；第二，大脑充满好奇。这两种特性是人生来都有的，谁都无法改变。

为什么大脑喜欢偷懒？因为大脑用于深度工作和学习的时候，消耗能量是极高的，所以我们的大脑设置了分神机制，一旦长时间专注，就会开启分神保护机制，尽可能减少我们大脑对能量的消耗，以保证大脑的正常运转。

为什么大脑充满好奇？同样也是受环境因素影响。相较于现在，远古时期的人类，需要时刻保持高度警觉，生存环境的恶劣导致他们必须不断接受各种信息并且及时处理，不同信息的优先级不同，特别是性命攸关的问题，他们就必须放下手里的事情优先去处理或避险。

　　大脑的这两点特性,其实是我们人类进化过程中保留下来的一种自我保护机制,这就直接导致我们的大脑天然就容易走神。所以,首先要学会接纳这一点,接纳孩子的分心,接纳孩子总是没办法专注。这不是孩子的错,而是全人类的通病。

家长思考题

　　1. 你希望孩子长期专注于什么事情?为什么?
　　2. 对于孩子容易分心、不专注这件事,通过读完这一节的内容,你有新的看法吗?

3 "我能坚持画画啦"——保护孩子的专注点，循序渐进地养成习惯

● 保护与发现

大多数孩子的专注力其实并不差，除非病理原因，比如多动症。多动症（ADHD）又叫注意缺陷多动障碍，是一种常见的儿童疾病。在我国，学龄儿童的患病比例为3%~7%，也就是说，每50人的班级里就有两三个多动症孩子。遗传因素和后天因素都有可能诱发孩子多动症。

那么，为什么除了多动症的孩子，还有那么多孩子被批评专注力不好呢？

先看看你是否见过这样的场景：

游乐场里，很多孩子在玩耍。有的家长把孩子放到儿童乐园里，任孩子自由玩耍，沉浸式地、自由自在地随便玩，没有任何约束；而有的家长却在场外不停地下命令："儿子，你玩那个滑梯！""别往那里跑，那里太高了！""别玩那个了，那么多人，这个人少，过来

玩。""这个好玩,这个毛毛虫你钻进去玩玩!"……孩子被指挥得团团转,一直处在大人的指令中,连去安心体会游戏的机会都没有,更别说专注地去感受了。一会儿被指挥着玩这个,一会儿被指挥着玩那个,到底玩了什么,感受是什么,统统不知道。

再看看这样的场景:

孩子趴在自己的小桌子上正在认真地画画呢。奶奶拿着一碟切好的苹果进来了。

"宝宝,干什么呢?要不要吃苹果呀?来,吃点苹果再接着画,小朋友要多吃水果才能保证身体长得好!"

孩子伸手拿了一片苹果,咬了一口,接着画。

奶奶站在旁边等着,一边看小孙子画,一边说道:"这个没画好,不是这样画的,来,奶奶教你画!"

"不要,不要,不要奶奶教,我自己画。"

"你这孩子,怎么不听教呢!你画你画,看你能画成什么样来!"

孩子正为画不好着急呢,被奶奶这么一说,把笔一扔:"不画了,我不画了!"

奶奶一看,心肝小宝贝生气了,可又心疼了:"好,好,好,不画了,我们不画了。奶奶带你去买冰淇淋去啊，别不开心了。"

孩子不是不专注啊，是被打扰到了！ 当孩子碰到困难的时候，大人没有想办法陪孩子一起克服困难，引导孩子继续往下进行，而是马上转移孩子的行为，孩子又怎么能学会在一个任务上坚持去钻研呢？

比如到了户外，孩子发现了更多有趣的事，一草一木，一虫一花，孩子都能玩得不亦乐乎，往往一蹲就是大半天，或只是伸了个小胖手去摸摸花、揪揪草，又或者是拿了片草叶逗小蚂蚁玩。大人此刻不是出言阻止"太脏了，别玩"或是"小心虫子咬你"，立即拉走孩子；就是等上片刻就开始催孩子："走走，那边看看去，老在这儿有什么好玩的，那边有更好玩的。"大人把带孩子到户外活动当成"遛"，自己在心里给自己定了个模糊的目标——必须要走上一圈才算圆满完成，丝毫不顾及孩子的感受。

往往这时候，成人并不知道，对孩子来说，他不介意大人要遛几圈，这个对他而言毫无意义的"遛弯任务"远不及他感兴趣的花草、小虫子重要。

根据儿童心理学的研究，每个孩子身上天生就有专注力，只是小的时候，他的专注力只是一种生理本能，还没有成为一种自觉和可控的能力。孩子的专注力，最初就是从他专注观察或享受专注游戏的乐趣这个过程中体现出来的。

然而成人没有这样的意识，不能利用外出的机会，把观察、享受自然的决定权交给孩子，而是从成人的固有习惯出发，硬生生地把孩子从专心观察、专注于当前的状态中拨出来，当然专注力也就没有机会培养起来了。

等到孩子上学了之后，家长又埋怨孩子读书不专心、上课不认真听讲、总爱跑神儿，却不知在孩子小的时候那些可贵的培养专注力的机会，已经被家长在无意识中破坏了。

所以在孩子幼龄时期，其实家长不需要额外做许多专注力培养的工作，只需要做到保护和发现就足够了，仔细观察孩子喜欢什么，在什么情况下能够专注，往往这时候的专注跟孩子的能力与见识相关。

● 养成习惯

等到孩子再大些，帮助孩子把专注养成习惯，孩子一进入学习状态自然就专注了。

常常有家长说："我的孩子做作业的专注力实在太差，一会儿去喝个水，一会儿去上个厕所，一会儿削削笔，一会儿找找橡皮、尺子，反正一做作业，可多事了，根本没法专心。"

我曾经用不同年龄段孩子的专注时间来帮助孩子们克服这个问题,让他们养成专注的习惯。

昊昊7岁了,每次做作业的时候都有很多额外的动作,玩一下玩具,动一动书包,这里跑跑那里跑跑,特别简单的几道题做一个多小时。

他到我这里来的时候,我给他设了一个时间,我说:"我猜啊,如果让你坐很长时间,你可能会有压力,这样吧,我先设10分钟。这10分钟啊,你就坐在椅子上,不要站起来,只管做作业,好不好?"

他说:"好!"

大约两分钟的时候,他叫我:"老师!"

我看着他,笑了笑,问:"10分钟到了吗?"

他看了一下闹钟,说:"没到。"

"嗯。"我指了指他的本子,说,"时间到了,我们再说话。"

中间,他也有几次想要起身做其他事情,都被我指指闹钟提醒了。

几天之后,他坐的时间越来越长,很快就能坐10分钟以上了。

两个星期之后，我给他调整到 14 分钟，他也可以做到了。

后来，每次给他交代作业或者学习任务，他就会问："老师，要坐多长时间？"

他已经养成了习惯，了解每个学习或工作任务需要持续的时间，然后给自己做一个设定，期间不走神、不溜号，时间到了再好好玩。

孩子习惯了在一个时间段内只做一件事，不被其他事打扰，也不必费神去想其他事，他就会越来越享受这样的时间段，当然专注就成了习惯。

一个把专注当成习惯的孩子，在学习上必然是占尽先机的。

家长思考题

1. 你观察到孩子在什么情况下不专注，表现是什么？
2. 试试看用文中提到的方式训练一下，看看有什么成效？（更多具体方法在后面的章节）

"为什么我看手机就能专注"——专注力的问题，会不会是妈妈自己的痛

关于专注力的常见问题，跟以下几个概念相关，也是家长们常会碰到的认知误区，家长常常觉得似是而非，给育儿带来很大的烦恼，我们一起从概念到技能探讨解决的办法。

- **孩子学习老走神，看电视、玩手机叫都听不见，是专注还是不专注？**

要想解决这个问题，需要搞清一组相关概念：主动注意与被动注意。

人的注意力大致分为两种：主动注意和被动注意。主动注意又被称为有意注意，是一种有预定目的、需要有一定意志力的注意，需要大脑有意识地付出努力去专注。

而被动注意与主动注意正好相反，它是没有自觉目的，

也不需要任何努力而自然发生的注意。

我们平时看到的孩子看动画、玩电子游戏的那种专注，并不是主动注意，而是因为受到电视画面和游戏画面的强烈声光的刺激，孩子的注意力被自然吸引过去，并不需要他们自己付出努力去关注，这属于典型的被动注意。

其实，两种注意力都是人类在进化过程中需要的。如果没有被动注意，人类就没有办法在做一项工作的同时，还能兼顾到另外一些新发生的刺激因素和意外情况。假想一下，如果一个洞穴时代的人类，全心全意地在关注如何把火生起来的问题，但却没有注意到有一只狮子正在靠近，后果将不堪设想。

但是在学习的过程中，被动注意往往是一个干扰因素。比如父母在陪伴学习的时候随意出言干扰孩子，例如提醒、立即指出错误、随时打断孩子等，这些行为都会吸引孩子的被动注意，让孩子分心。同时，如果没有主动注意，人类就没有办法让自己专注起来，去关注重要目标，也就没有办法去专心研究问题。为了让孩子能更好地进入学习状态，我们需要让孩子拥有更高主动注意的能力。

相对于被动注意，主动注意是决定学习成败的一种非常关键的能力，需要孩子付出一定的意志力，自觉、有目的地控制自己的注意力，从而做到不被外界所干扰，专注于一件事。而且主动注意的提高不会削弱被动注意，甚至会增强被动注意，但是被动注意强则会极大削弱主动注意。

所以家长要学会培养孩子多专注于需要动脑筋的学习任务，减少看电视、玩电子游戏的时间，因为孩子一旦习惯于被动注意，那么要再集中精力于需要付出更多努力的学习任务就会困难得多，那么孩子往往比较容易放弃学习。

其实，这很容易理解：拿成人来说，如果一个成人离开学校多年，又没有养成日常读书、学习的习惯，要让他去听个课、做个笔记都是一件很困难的事，开个家长会可能都会睡着；但是要让他去看电视、打麻将这类相对不需要花费太多脑力的事，他就可以熬到很晚。

而一个长期保持学习状态的成人，例如医生、教师、作家及现在仍在不断参加各类学习的成人，去完成一些书写类的工作，去完成背诵、记忆等学习任务，相对来说是简单的，因为他们一直保持主动注意，所以专注力相对比较强。就如同肌肉锻炼一样，一个常做俯卧撑的人，他的胸大肌、上臂的肱三头肌就会比较强壮。

所以，如果家长希望孩子专注于学习，就要更多地让孩子习惯于学习。同时，父母做好示范，做个爱学习的家长，陪孩子一起学习，让孩子感受到学习的乐趣，从而喜欢上学习，把学习当成习惯。

● 孩子就不乐意抄写生字、课文，是不是专注力差？

受到抄写作业困扰的孩子不在少数，大部分孩子都不喜欢抄写作业，这与成人的认知多少有些背离：成人往往认为，抄写多简单啊，又不用动脑，只要抄完就完成了，为什么还有这么多抱怨呢？

我曾经为了研究孩子们的作业量、书写速度与厌烦情绪的相关性，和孩子们一起做他们的抄写作业。在写的过程中，我有深刻的感受：抄写作业确实并不像成人认为的那么轻松。

对于低年段的孩子来说，抄写是件不容易的事，他们刚从没有书写要求的幼儿阶段进入小学，对于书写尚不习惯，每每书写要犯很多错误，包括笔顺不熟、书写超格、笔画错误等，而成人却要求颇高，既要求横平竖直，又要符合方格要求，还要求美观和速度……没写几个字，孩子就想要放弃了。

对于中年段的孩子来说，抄写作业相对来讲是变化较少的过程，没有太多思考的激励，只是多次重复的动作，对于孩子来说这是件乏味的事情，很容易让人走神。

对于高年段的孩子来说，往往抄写的作业量比较大。抄写的量达到一定程度，虽然不那么费脑子，但是很费手，如果按轻松一点的速度来书写，抄写作业会花比较多的时间。这让人心焦，因为简单作业花的时间比较多，其他需要动脑筋的作业可能会花更多的时间，时间的压力让人越做越焦躁。如果要不歇气地拼命赶，一是手会比较累；二是抄写作业的质量不高，往往会被批评。这就使得大部分孩子都不喜欢抄写作业。

所以我常常会换用其他方法让孩子们练习生字。比如我曾经用"教是更好的学"的方法帮助不想写生字的孩子，颇有成效，我把过程记录在这里。

> 最近，我发现7岁的简简常常会有想不起来的字、易搞混的字，显然是对书写不够熟练，对生字还不够熟悉，于是我加大了训练量，每天听写词语，上册和下册各一课。
>
> 一段时间下来，简简开始抗拒、暴躁，对写字很是厌恶。一是因为有些字一错再错，挫败感很强；二是因为实在是有点枯燥；三是孩子的烦躁情绪与大人的焦虑难免产生语言冲突和负面沟通。
>
> 有一天，我给简简听写，她连续好几个字都没想起

来，空格越多，她脸色越难看，我也越着急。今天大概是不会太愉快了，我能想象到她气呼呼地去翻书，把字顺手一订正，然后把书本随手一摞的情形。其实这样的听写不会有益于记忆，下次还会错，还会更挫败，认字的兴趣会越来越弱，以至于走向反面。

必须停止这样的无效过程！

所以我说："好，听到这里。"

简简没精打采地翻书准备订正，我按住书："这样吧，我们今天先不订正，你现在是老师，你把第四课的生字教我写一遍。"

简简看着我，我也认真地看着她："这是我的本子，老师，开始吧。"

简简用令我诧异的速度高兴起来了："好，你等一下，'老师'去准备一下！"

于是简简开始一个字一个字地教我。

"老师，老师，这个'寻'字的寸是在右边的吗？左右结构？"我指指她写错的一个字问道。她把"寻"字的"彐"头写在了右边，"寸"写在了左边。

简简发现自己写错了，有点尴尬。

我说："导演，刚才那段删掉，重来！"

简简马上笑了："对，删掉，重来！"

此后"删掉，重来"成了简简不再抗拒纠正错误的一种方式。

半小时后，她教完我，给我听写。我写完之后，说："现在是教学研讨会，教育局的领导要给作为老师的你听写。"

她也认真地听写去了，这一次，她只错了一个字，而我被她挑出了八个要订正的字，有的连笔，有的写得不规范，连一些极小的问题也没放过。

我不禁感叹当学生真不容易啊。

第二天，她一早就开始备课，准备了很久。她先教了我一遍。然后她给我听写一遍，我给她听写一遍。最后还批改了一遍。于是一上午，三十个字，她来来回回算是进行了五遍，很难再错。

让孩子来当小老师，让他看到他能行，并在这个过程中，孩子换着方法将每个生字学了五遍：

第一遍：自己备课写一遍。

第二遍：在白板讲解学一遍。

第三遍：给"家长学生"听写读一遍。

第四遍：自己被听写写一遍。

第五遍：给"家长学生"进行批改，又学一遍。

在这个过程中，孩子想不专注估计都比较困难了。

孩子不喜欢的事会让孩子分神，看起来像是注意力不集中的样子，但实际上孩子不喜欢的是做这件事的形式，所以有这么一句话说：孩子不拒绝任何一门知识，他拒绝的是我们传递知识的手段。换一种方式来教，孩子就爱学了，当然就专注了。

● 孩子一做数学题就出错，会做的也错，是不是粗心大意、不专心的表现？

家长常常会提到孩子粗心大意的问题："这道题明明都会，前面列式、步骤都对，最后的答案错了，白白丢两分。""孩子很聪明，学的都会，就是有些粗心，总要错一点。"大多数家长都会就孩子这样的问题给孩子做思想工作："细心一点嘛，你只要认真一点、专心一点就可以了。"

其实，细心也是一种能力。很多时候，孩子粗心大意不是态度问题。在我们做的大量的韦氏测量中发现，在填图分测验中，粗心的孩子往往会得分比较低。填图分测验主要测量视觉敏锐性、记忆和细节的注意能力。人们在心理发展过程中对所接触的日常事物形成完整的印象，这对于人们适应外界环境是十分重要的。

可见，很多粗心大意的孩子不是他的学习态度不好，也不是他认真一点就可以做到，而是他这个能力有所欠缺。既然是能力不足，那么做思想工作，强调细心的重要性或必要性，整天耳提面命的作用就不大了。这时候有方法地进行训练，才能真正地解决问题。

要对孩子进行视觉敏感度的训练，就要让孩子多观察，观察不同距离的大小差不多的物体的区别，比如火柴、小木棍和牙签；观察不同物体，让孩子说出它们之间的区别，比如家具和工具、蔬菜和水果等；分辨室外远处不同的物体，比如房屋、街道、交通岗；辨别某种熟悉的物体，比如公共汽车、小轿车、卡车；在弱光下去观察物体，比如在傍晚时候去观察茶杯、书、笔筒等。

这个填图的指标还包含了视觉记忆和细节注意的能力，结合孩子其他部分测验的得分，可以分辨出哪个部分需要训练，并给出训练计划即可。

很多时候，成人能看到的孩子的问题，不是通过语言就能教会的，孩子的相关能力是在实实在在的训练中掌握的。

● 孩子连玩都三心二意，总是三分钟热度，怎么办？

"三分钟热度"，在我们的父母课堂上听得最多的就是家长感慨孩子不够坚定，轻易放弃某个计划或者某项学习。

"我家的兴趣班基本都是孩子自己选的，看到什么或别人学什么都喜欢，都想学，可是他都坚持不了，真的就是三分钟热度。"

"我家孩子的兴趣很广泛，但都是浅尝辄止，这要怎么办才好？"

要解决这个问题，我们作为成人，首先要思考以下两个问题：

问题一："三分钟热度"是不是真的不可取？

问题二：孩子自己选择的兴趣班真的是他的兴趣吗？

通常，"三分钟热度"会被当成贬义词，但是对于孩子来说，这未必是件坏事。

对于3~5岁的孩子来说，正是学习兴趣相当浓厚的时候，对他来说，周围的一切事物都是新鲜有趣的，什么都想看看摸摸，想去尝试。这个时候，尽量多提供各种尝试的机会，让孩子拓展眼界，在大量的学习接触中去寻找他真正的兴趣点。而此时只专注在一个事物上，会屏蔽他对其他事物的认知和探索。所以，对于小孩子来说，这个不是断舍离的时机，此刻他还没有足够多的积累可以断舍离，这个时候多比少好。

对于小孩子来说，"三分钟热度"在某种程度上代表他的学习能力，通常学习能力强的孩子，学习兴趣会更广泛。

小孩子的另一个年龄特点，是时间概念尚未形成，还没有足够多的学习体验和沉淀，注意力转移比较快，同时他对自己的认知是不完全的，他还在寻找，对于什么是自己真正的兴趣，他也没有概念。

通常，家长带着孩子上兴趣班的体验课时，孩子会判断自己喜不喜欢这个环境，喜不喜欢这个老师，以及课堂好不好玩，通过"喜欢、好玩"来决定要不要再来上这个课。所以说，小孩子在选择兴趣班的时候，不过是根据他那点有限的认知，以及当时好不好玩作为判断标准，与真正的兴趣爱好实在是相去甚远。

了解了孩子"三分钟热度"的特点，我们就可以利用这个特点来帮助孩子培养相关的能力了。

(1)运用家长的技能,延续孩子的"三分钟热度",辨别真正的兴趣

在孩子比较小的时候,允许孩子多尝试,把兴趣班的费用当成必要的投入成本,让孩子在尝试的过程中感受和学习。

我记得我的孩子在上幼儿园中班的时候,曾经主动要求报围棋兴趣班,因为她喜欢老师在体验课上的游戏。结果第一次正式课之后,她就不愿意去了。因为不好玩,老师讲围棋规则很无聊,她听不懂。这真真是典型的"三分钟热度"了。

我想:"哪怕她现在就放弃,她依然收获了一次亲身感受,体验课和正式课有相当的不同。"不过,我没有因为她有这一点收获就满足了,我跟她聊兴趣班费用的问题,培养她投入和产出的概念。

四岁的孩子,对钱是没有太多概念的,一元和一千元,对她来说区别不大;对缴费的流程和要求也没有概念。刚开始她说找老师要回来,后来她说要不回来就不要了。于是我拿她熟悉的东西比较,我跟她说,如果不上课也不把钱要回来,那么相当于是把她喜欢的三套漂亮礼服或者三套芭比娃娃扔掉。孩子对钱的金额没有概念,但对她经常接触的物件

是很熟悉、很有感情的。她一听，连忙喊："不要扔掉！"

于是我给她提供了一个不但不扔掉，还可以变成六套礼服或者芭比娃娃的方法，那就是她去上课，学会了回来教我，那么不但保住了三套漂亮礼服，还变出了另外三套来。她觉得有道理，于是每周都去认真上课，回来给我讲课。

其实，孩子在尝试不同兴趣班的过程中，收获的不一定是兴趣班教授的知识，也包括如何对待兴趣班这件事情本身。在处理这些事情的过程中，孩子能从我们身上学会变通，学会体验喜欢或讨厌，学会解决问题，当然也学会让自己有机会去选择。

孩子因为家长的坚持，延续了对某项学习任务的体验时间，才能有机会去辨别那是否真的是自己的兴趣。

（2）科学发现孩子的能力，坚定正确的选择，把"三分钟热度"变成调节剂

孩子之所以在各项学习任务上表现出"三分钟热度"，一是孩子对自己的能力认知是相当有限的；二是家长对孩子的学习能力没有科学的了解，所以家长担心自己在为孩子坚持学习这件事上犯错误，为了避免承担替孩子做决定的责任，家长让孩子做选择，其实是放弃家长的责任。

我们常说，兴趣是最好的老师。那么对于孩子来说，兴

趣来自哪里？兴趣往往来自能力。同样接触一个新学科或者一门学习，能够很快理解和接受，看出门道的孩子会产生学习兴趣；而能够理解和接受，就是学习能力。

每个孩子都是天才，但都是不同领域的天才。他们的学习能力各有不同，当然适合发展的方向也不同。比如有些孩子的逻辑思维能力和空间知觉能力很强，他适合下围棋或者编程；有些孩子排序能力很强，对听觉信息处理的能力很好，适合学习外语；有些孩子常识、算术以及空间知觉能力比较好，适合多阅读，在科学实验方面多发展。

每个孩子的能力结构和组合不同，家长需要帮助孩子科学地找到适合他的发展方向，帮助他们在众多的学习科目中有所侧重，这样才能事半功倍。

（3）运用"三分钟热度"，帮助孩子尽快脱离某些不良"学习"

在孩子成长的过程中，会接触到各类学习"材料"，包括各种游戏。我的孩子曾经很喜欢手机游戏，也背着我偷偷玩过手机游戏。后来经过协商，她有了固定的玩游戏时长，她开始大大方方地玩游戏了。

正是因为她允许我看她玩的游戏，我才发现她常玩的是一些"宫斗类"的小游戏。当然这类游戏会在表达上令孩子浅薄化，在人际交往中让孩子"阴谋化"。于是我挖掘了一些类似成语接龙、脑筋急转弯的游戏，还有一些以中国山水画为背景、以艺术文化为核心的通关游戏，去培养孩子的智力、审美能力。

孩子喜欢新鲜的学习材料，喜欢精美的画面，所以"三分钟热度"并不都是坏事，甚至能给家长帮很大的忙呢。

> **家长思考题**
>
> 1. 观察您的孩子是否有"三分钟热度"的现象，具体表现是什么？
> 2. 您是如何引导孩子寻找到他真正的兴趣所在的？

第2章
发现优势和兴趣，不用焦虑不用卷，也能轻松培养孩子专注力

发现优势和兴趣，不用焦虑不用卷，也能轻松培养孩子专注力 第2章

每个孩子都自带专注力，但是很多家长往往为了培养孩子专注力而不小心破坏了其专注力。在一项实践研究中，研究者把家长归为以下四类：

第一类：负责任并且懂教育的家长
第二类：负责任但不懂教育的家长
第三类：不负责任也不懂教育的家长
第四类：不负责任但懂教育的家长

你觉得哪类家长最可怕？实践研究的结果指向第二类家长。

这类家长的负责任表现为很努力地管教孩子，但由于他们并不真正懂得如何教养孩子，结果往往是自己亲手以爱的名义引孩子误入歧途。比如，有的家长怀揣着自己未达成的梦想，把期望都寄托在孩子身上。表面看起来是很用心地培养孩子，可实际上却是在利用孩子进行自我成全。他们往往会要求孩子做他们觉得孩子需要做的功课，而完全不考虑孩子的感受。

当孩子年龄尚小的时候，很难靠意志力克服这种不情愿，或者说他们的潜意识并不乐意配合妈妈们的愿望，此时表现出来的就是，孩子们在做这样的事情时很难真正专注用心。

家长不明所以，只看到了孩子表面的情况，就觉得是孩子专注力不够。而孩子呢？也并不知道这种表现来自潜意识的不配合。他们只是听到爸爸、妈妈说自己专注力不够。可怕的是他们也会对此评价有认同感，事实上，他们也的确发现自己真的坐不住，或者很难集中精力。这样，就"里应外合"地给孩子贴上了一个"专注力差"的标签。

我们不难发现，这个标签并非事实。仅是由于任务本身的不适合导致一种表面现象而已。带着这个标签的孩子，长此以往，在适合自己的学习内容上，也会告诉自己"我专注力不够，我做不好"。结果可想而知，渐渐地孩子各方面都呈现出专注力不够的现象，各方面的成果也必然性地呈现出越发不理想的态势。

那正确的做法是什么呢？

接下来，我们将通过10个小问题，带你一起感受真正的答案。

发现优势和兴趣，不用焦虑不用卷，也能轻松培养孩子专注力

1 "哦，原来你这么喜欢跳舞啊"
——通过优势训练让孩子变得专注

小诺曾经是妈妈的骄傲。

她自幼热爱跳舞，从幼儿园开始就学习舞蹈。在学习舞蹈的路上，她吃过苦、流过泪，但热爱与执着让她的舞蹈日渐精进。在这方面，妈妈几乎没为她操过心，舞台上熠熠生辉的小诺自然而然地成了"别人家的孩子"。

然而，小诺上了四年级后，课业加重，跳舞严重挤占了文化课的学习时间，导致文化课的成绩变成倒数。每每考试结束，妈妈都忍不住来一次"狂风暴雨"，而小诺也常常精准"还击"，母女关系陷入冰点。曾经令妈妈骄傲的"别人家的孩子"究竟哪儿去了？妈妈陷入万分苦恼的境地。

妈妈来咨询求助的时候，眉头紧锁，"老师，我怎么才能把她的心思拉回到学习上来呢？"她认为小诺一点都学不进去，就是因为着了跳舞的"魔道"。"只会跳舞有什么用，文化课差得惨不忍睹！这才四年级啊，以后的路我可真的无法想象！"

焦虑写满了妈妈的脸。曾经那个在舞台上绽放星光的孩子，此刻在妈妈眼里却如死灰般暗淡。

老师认真地对小诺妈妈说："小诺妈妈，我要恭喜你啊！"一丝疑惑与不解跃上小诺妈妈心头："老师，您别和我开玩笑了！我都快愁死了，您还恭喜我？"

"我可没开玩笑啊！很多孩子连跳舞的基本功都没练好就放弃了，小诺还这么小，就能把大多数人都叫苦连天的舞蹈练习到这样的程度，说明她要不就是有很好的天赋，要不就是有特别坚韧的品格。"

"这有什么用呢？那数学还不照样考不及格！"小诺妈妈苦笑道。

"小诺妈妈，您先别着急。要知道所有孩子都是天才，在自己擅长的领域他就是天才。如果现在真的把孩子的舞蹈停掉，那其实等于浪费了已有的大好优势，走进了一个双倍损失的误区。"

"我知道这是她的优势，可是又怎么能帮助她提高文化课的成绩呢？"

"妈妈能够看到这是小诺的优势，那就好办了！小诺学习舞蹈和她学习文化课的底层能力是相通的，比如专注力，我们要借用这个优势迁移其底层能力，给孩子做更好的规划和能力延展。"

发现优势和兴趣，不用焦虑不用卷，也能轻松培养孩子专注力 | 第2章

小诺妈妈已经迫不及待地想知道怎么帮助孩子通过优势训练专注力了。我们随小诺妈妈一起来看看吧。

(1) 放下期待，释放尊重的信号

妈妈对小诺的学习有期待，本来是无可厚非的，然而每个孩子都有自己的优势和特点，与其期待孩子长成你想要的样子，要求孩子全面开花，不如找准优势，看到并尊重孩子的优势。因为当我们期望过高或者期望不合理的时候，就很容易给自己和孩子过多的压力，从而产生焦虑。

老师给小诺妈妈讲了北大教授濮祖荫的故事：

濮祖荫，北大教授，知名物理学家，是我国"双星计划"发起人之一，也是国际宇航科学院院士。作为华人空间物理学家，濮祖荫教授在国际上有非常重要的影响。其妻子刘萍，也是北大的一名教授，还是第一代研究计算机的女工程师。

他们生活在北大家属院，这里汇聚着全国的学术高端人才。这里的孩子有一条看得见的人生路：经历北大附小、北大附中、北大、出国留学、当科学家或者留校任教。这两位科学家的孩子走这样的一条道路，那是最顺理成章的事了。

然而，他们的孩子偏偏没有走上这条阳关大道。在大学的时候，孩子在学业上遭受重创，想彻底放弃学业，改学音乐，夫妻俩经过慎重思考，最后决定尊重孩子的选择，让孩子走自己的路。

后来，孩子真的从大学辍学，走上自己热爱的音乐之路，濮祖荫夫妇在表达自己期待的同时，也支持了孩子的想法。

结果，音乐领域多了一位奇才——朴树。

濮教授后来也说："我自己不懂音乐，但我尊重孩子的兴趣。音乐是他的生命，正如学术是我的生命。"

听了这个故事后，小诺妈妈意识到了问题所在，也在这对科学家父母身上学到了什么是"放下期待，尊重孩子"，原来自己太想把孩子塑造成自己理想中的样子，而非她本来应有的样子。她决定回去之后，要跟小诺说："妈妈看到了，原来你这么喜欢跳舞！妈妈尊重你的选择，你继续热爱你的热爱吧！加油！"

在生活中要学会观察孩子的优势，了解他的强项，也允许他发挥优势，正所谓"三百六十行，行行出状元"，孩子并非一定要走父母设定好的道路或者他人眼中的康庄大道才能成功。选择优势，真心热爱更能成就孩子。

(2)修复关系，让教育的渠道顺畅

因为文化课学习差的事，妈妈和小诺的关系已经发展到剑拔弩张的地步，她动不动就以停掉舞蹈课作为威胁逼迫小诺埋头学习。小诺已经不止一次地抱怨"妈妈不爱我"了。

"我这样为她好，她还觉得我不爱她！"说到这里，小诺妈妈忍不住掩面而泣。

"小诺妈妈，您先别着急，咱们先把关系修复好了再说，只有关系好了，教育才会发生。"

"现在只要一和她说学习的事，她就当我是仇人一样，我也很难受，难道我一点都不该提学习的事吗？"相信，小诺妈妈的困惑也是许多家长的困惑。

"您每天只需要用上15分钟，安静地陪着小诺做她想做的事情，这叫'特殊时光'，在这个过程中，避免见缝插针地说教即可。"

后来，小诺妈妈带着疑问按照老师的方法去尝试了。一开始，小诺很反感她坐在旁边："你不要在我旁边坐着行吗？我想看会儿漫画不可以吗？""宝贝，妈妈只是想陪陪你，你做任何你喜欢做的事就行了。"小诺没再作声。

第二天，小诺妈妈依然安静地给小诺15分钟的陪伴，看着时间一点一点地流逝,她心里盘算着这又能做多少道数学题了,可表面上还是克制着不再说教。

渐渐地,小诺习惯了妈妈的无声陪伴,有时也会和妈妈分享自己在看的书、在玩的游戏,还有学校里的事,并试探着在妈妈面前练习舞蹈。小诺妈妈也逐渐享受起每天15分钟的"特殊时光"了。

就这样,过了一段时间,小诺妈妈又带着问题来了:母女关系虽然好了,但学习的事还是没有解决,这可怎么办呢?

(3)迁移成功经验,变劣势为优势

老师教了小诺妈妈一些方法,引导小诺把她学习跳舞的方法进行迁移,用到学习文化课上,逐渐帮助孩子建立学习文化课的信心和专注。

比如,跟小诺说"我看到小诺学习跳舞时眼睛睁得大大的,生怕错过老师教的每一个动作,那上数学课的时候,你要怎么做,不会错过数学老师讲的知识点呢?"通过同类比较,让小诺学会在听老师讲课时,用合适的方式跟老师互动,专心听课。

又如,"妈妈看到小诺在跳舞的时候,只要有一个动作做得不到位,就会翻来覆去地看老师做,再一遍一遍地练,

发现优势和兴趣，不用焦虑不用卷，也能轻松培养孩子专注力

那么当你有不会的数学题时，你可以怎么做呢？"这样就可以引导小诺，在做题的时候，如果遇到不会的，可以再去问老师，并把错题改到正确为止。

再如，"妈妈看到小诺跳舞摔倒了，也会努力地爬起来，继续练习，那数学遇到难题了，做了几次还不对，那要怎么办呢？"通过小诺自己已经具备的经验来引导小诺，在遇到学习难题时，也发挥不放弃、不气馁的精神。

……

小诺此前在跳舞这件事上已经有了一定的成功体验，只是还没能把这些体验转化成有效经验，并迁移到其他方面罢了。通过家长的引导，她自己就可以发现文化课有很多与跳舞类似的学习方法，有很多共通的地方，她完全可以驾轻就熟，那么她在文化课的学习上就能放下对抗的情绪，遇到困难就能凭借自己练舞习得的韧劲与专注，很快将文化课的兴趣和成绩都同步提升起来。

经过这样的咨询和调整，这对母女的关系不仅自然亲近，而且因为妈妈开始充分尊重孩子，孩子也感觉到了妈妈的尊重与爱，沟通的渠道越来越畅顺。小诺把练习舞蹈时训练出的专注力应用到了文化课学习上，达到了兴趣与文化课齐头并进的目的。

2 "除了跳舞，你编程也超棒"
——优势组合让孩子关注技能获得的过程

五年级的畅畅最近在学习数学时，总是感到很沮丧，他觉得自己一直在努力，但是却看不到效果，渐渐地对自己失去了信心，越来越觉得自己就是那种"天生就学不好数学"的学生。

妈妈看到了畅畅的忧虑，决定从畅畅擅长的跳舞和编程入手，以优势组合的经验帮助畅畅找回信心，并找到数学学习出现问题的原因和解决方案。

"宝贝，妈妈感觉你最近在数学学习方面好像遇到了一些困难，要不要妈妈来陪你一起看看是哪里出了问题？"妈妈先试探性地问了问孩子的想法。

畅畅点点头。

"妈妈觉得你能把跳舞和编程都学得那么好，证明你学习是有方法的。数学一定也能学好，你认为呢？现在出了一点问题，我们来对比看看，有哪些可以借鉴的地方？"肯定孩子已有的成绩，这是解决她的问题的助力，必须善加利用。

"但是数学跟跳舞、编程都不一样，它太难了，不像跳舞、编程那么容易学。"

"哦，的确是这样的。数学学起来不太容易。而跳舞和编程对你来说就已经轻车熟路了。可你要知道，跳舞和编程对于很多人而言也相当不容易啊。你能先说说你是怎么学跳舞的吗？"试着理解孩子的畏难情绪，并不去反驳，从她擅长的部分入手讨论。

"那个当然简单了，看看就会了呀。"

"看一次就会了？"试着引导孩子说出具体的过程，自己说出来的过程，才是孩子真正消化理解并且运用的过程。

"那倒不是，还有练习。"

就这样，妈妈一边引导畅畅描述，一边给畅畅做总结，最后畅畅和妈妈一起找到了学会跳舞的几个步骤：①每天练习基本功；②学习独立动作，训练单一协调度；③学习复合动作，训练综合协调性；④学习小型舞蹈，训练舞感；⑤学习成品舞蹈，进行展示。

接下来，妈妈又引导畅畅一起拆解了学习编程的过程。

对于畅畅来说编程比跳舞来得更容易一些,她说:"主要就是按照老师教的编程规则,从小程序练起。我们编程老师培养竞赛选手的经验特别丰富,所以他给大家的练习很多,还很重要,我们只要熟练了这些练习,竞赛的时候把它们用出来就好了,我觉得大家都考得挺好的。"

妈妈帮畅畅再次厘清了编程学习的过程和步骤:①学习编程规则;②练习完成小程序;③掌握老师布置的训练内容;④把练习进行综合应用。

通过对跳舞和编程的回顾,妈妈又带着畅畅做了一个对比的表格,看看这两者之间的共同点:

跳舞	编程
每天练习基本功	学习编程规则
学习独立动作,训练单一协调度	练习完成小程序
学习复合动作,训练综合协调性	掌握老师布置的训练内容
学习成品舞蹈,进行展示	把练习进行综合应用

这么一对照,畅畅惊讶地发现学习跳舞和编程居然有这么多共同点。

发现优势和兴趣，不用焦虑不用卷，也能轻松培养孩子专注力

妈妈适时点拨："其实，学习都是一样的，虽然各科有各自的特点，但是整体的方法还是基本相似的。"

最后，妈妈又完善了一下刚才的表格，并引导畅畅一起完成数学学习的过程。

跳舞	编程	数学
每天练习基本功	学习编程规则	学习定义、定理、定律
学习独立动作，训练单一协调度	练习完成小程序	掌握书上的例题和练习
学习复合动作，训练综合协调性	掌握老师布置的训练内容	做好老师布置的课后作业
学习成品舞蹈，进行展示	把练习进行综合应用	训练综合应用知识

"咱们从今天开始，按照你的成功经验再试一试，看看用这个方法学习数学怎么样？"妈妈发出了一个行动的号召。

完成了这张表格的畅畅也露出了笑容："真的是办法总比困难多，这么一看感觉数学好像也没那么难了，那我就试试！"

正所谓"经历就是财富"。作为家长，要引导孩子学会

从他过往的经历中去挖掘，挖掘那些能够形成经验的方式方法，并引导孩子尝试在新领域使用这些经验，以获得长足的发展。很多时候，我们学习过的知识可能都会被渐渐地遗忘，但是这些解决问题的过程和在过程中历练出来的思维能力，都是陪伴我们终身学习和成长的宝贵财富。

发现优势和兴趣，不用焦虑不用卷，也能轻松培养孩子专注力

3 "你觉得还有哪些学习项目自己比较拿手"——拓展孩子的眼界，更专注优势项目

可心有个很大的优势，街舞跳得特别棒，常常代表学校参加比赛，常拿大奖。可心也有很大的不足，学科成绩比较差，似乎很难提高，她自己也特别苦恼，觉得自己与好成绩无缘。

老师看到可心的烦恼，便和可心进行了一次谈心。

"可心，你看你街舞跳得这么好，说明你的肢体协调能力、思维能力和记忆能力都特别优秀，这些能力运用在其他学习项目上那可不得了呢，你觉得还有哪些学习项目也比较拿手？"老师尝试引导可心看到自己的优势项目，并发现自己的能力所在。

"我的篮球和羽毛球都打得挺好的，可是语数英这些科目的成绩好像很难提高。"可心说出了自己的疑惑。

"我们的学习途径是多种多样的，运用你已经做得好的地方，可以挖掘你更多的学习潜力。比方说，你的肢体协调能力很好，适应性很强，那么像户外的训练拓展、生

存技能的学习，相信你也会很出色。"

"对，我特别喜欢户外的活动，攀岩溯溪、捞鱼潜水，我都很喜欢！有一次我还学习怎么去造船呢。"说到自己喜欢的项目，可心就像换了个人似的。

"哇，造船听起来非常棒啊！这可需要多学科的知识呢，并不是一件容易的事啊！"

"是啊，老师和我们说了怎么读尺、怎么使用电钻这些工具，还有胶水的原理、船能浮起和前进的原因、水上自救的方法。我和小伙伴们一起设计我们的作品，分工协作把船做好了！实在是太酷了！"可心说起这段令人印象深刻的回忆，自然是滔滔不绝。

"是啊，最重要的是，在面对复杂的项目时，如何用工程学的思维，制定分解策略，运用跨学科的知识把任务完成，这真的很酷！我们所有的学习都是为能解决实际问题打基础的。这么复杂的造船任务你们都能做到，小学就那么一些知识点，看来对于你来说，肯定有很多解决的办法。你说呢？"

"就是有时觉得作业好多，好枯燥，我做得会有点烦，然后就不想学了。"可心说出自己的真实感受。

"作业是为了检测你的掌握程度，帮助你温故而知新的方式，你的目标是'把船造出来'，也就是把知识点掌

发现优势和兴趣，不用焦虑不用卷，也能轻松培养孩子专注力

握且融会贯通，在这个过程中当然也会遇到困难，想想看，你造船时是怎么克服困难的？"老师继续引导。

可心若有所思。

"可心，要知道，世界大了，问题就小了。知识丰富了，纵向思考的广度和解决问题的能力就有了。你是个会主动想办法解决问题的孩子，看看你，既会街舞，又会篮球和羽毛球，户外的项目还那么拿手。怎么提高学习方面，相信你已经有了自己的答案，那就按你想到的方法逐个去试，找到适合自己的方式，记得和老师及时分享哦！"

可心望着老师肯定又殷切的目光，狠狠地点了点头。

在往后的日子里，可心在学习上用功多了，困难还是会有，但是她也拥有了"逢山开路，遇水搭桥"的勇气。这不就是我们应该教给孩子的面对未来的能力吗？

孩子在学习的过程中，容易产生"只见树木，不见森林"的情况，这需要我们家长用更加宏观的视角去引导孩子思考，从孩子已经掌握的技能中挖掘出孩子的优势项目，让孩子看到自己的能力所在，让他在成长过程中生发出"我能行"的信心，这才是"授之以鱼，不如授之以渔"的最佳途径。

"你学围棋都两个小时了"——用兴趣提升孩子的专注力

小飞妈妈发现小飞在做作业时总是坐不住,要不发呆,要不就东张西望……渐渐地,妈妈发现原来小飞在碰到不会的题目或者有困难的事情时便容易有畏难情绪,想要逃避,问及他的感受时,小飞只是低头轻轻地说:"妈妈,我觉得我什么都学不会……"

原来小飞写作业不专注是自信心不足、畏难情绪造成的,妈妈决定要帮助小飞从其他方面看到自己身上的优点,帮助他提升自信。

有一天,小飞在研究围棋棋谱,研究得津津有味,"妈妈,我又学会一招了!快来和我下一盘吧!"一盘以后,妈妈被小飞打得落花流水。"小飞你这用的是什么招数?这简直是突飞猛进,妈妈的白棋几乎全军覆没了!"

"哈哈,刚才我用了很多招数呢,比如刚学的'警察抓小偷'。"

"听起来很有趣呢,可以教教妈妈吗?"

"当然可以！'警察抓小偷'就是'关门吃'，白棋就当小偷，黑棋是警察，小偷在房子里，警察必须把房子包围起来，只露一个门，那么小偷必须从这个门出来，一出来警察就能够把房子里的小偷一网打尽了！"小飞一边说一边演示。

"原来如此！可是怎么能出现这样的棋局呢？"对下棋不在行的妈妈虚心请教。

"这就要靠提前布局了，黑棋是进攻方，必须紧咬着白棋走，通过不断地'打吃'，设'老虎口'等方法，形成'警察抓小偷'的情形时，就要等到机会来了，然后把白棋吃掉！"

"哇！看得出来你特别有想法，很有系统思维能力呢！而且你知道吗？刚才你研究围棋研究了两个小时，非常专注，所以才学得那么快！"

"有两个小时了？我都没感觉到过了那么久！"小飞惊讶地说道。

"对啊！你看，对于你感兴趣的事物你都能专注很久，而且学得也很认真，所以很快就掌握了新方法，还把妈妈打败了！那你刚刚是怎么做到那么专注的啊？"妈妈肯定了小飞，又请教道。

"就是觉得很好玩啊!"小飞得意洋洋地说道。

"怪不得那么吸引你呢!如果在好玩的事情上遇到困难,你会退缩,会觉得它不再好玩吗?"妈妈尝试引导小飞思考。

"不会啊!遇到难的我就继续看棋谱啊,而且这种方法和另外一种方法搭配总能产生不同的效果,这就更好玩了!"

"哇!真是不得了啊!这么大的秘密居然被你发现了!好玩的事情即使有点难,也不妨碍好玩。你还有什么觉得好玩的吗?"

"我觉得画画好玩、看故事书好玩、数独好玩……"小飞慢慢地想,原来自己还有那么多感兴趣的事情,越说越自信。

"我的小飞懂得可真多啊,其实学习也是一样的,只是你还没有发现它的好玩之处而已。比方说,你单独去背诵一首古诗,怎么都背不下来,但你去看看这首古诗的作者生平,还有他在什么环境、什么季节下写下这首古诗,你会发现每首诗背后都有一个故事呢,那么你也会觉得古诗好玩!"说完,妈妈引导小飞看他正打算背诵的一首古诗,并找到相应的有趣的故事,小飞果然不一会儿便背了下来。

发现优势和兴趣,不用焦虑不用卷,也能轻松培养孩子专注力

自此以后,小飞逐渐学会在学习中寻找好玩的地方,这种寻找不仅让他越发专注,也让他更加自信,不再认为自己是什么都学不会的人了。

学习是人类的天性,没有一个孩子天生不喜欢学习,也没有完全不会学习的孩子,只有尚未体验到学习乐趣的孩子。只要在孩子学习的过程中不断激发他的探索欲和求知欲,孩子便能自己惊喜地发现学习路上一处处亮丽的风景。

"小蚂蚁是怎么打洞的,我们一起来观察吧"——和孩子一起做,他会更专注

果果一两岁的时候经常被奶奶带去遛弯,他最喜欢的就是趴在路边看蚂蚁,奶奶每每看到都要说:"蚂蚁有什么好看的?走走走,别咬着你了!被蚂蚁咬一下可痛了。"然后把果果拽走。

果果上幼儿园了,妈妈给他买了个蚂蚁屋。果果一见到蚂蚁屋就兴奋得跳了起来,妈妈把蚂蚁屋组装好后便去做饭了,她觉得果果一定会玩很久。

可不一会儿,果果就跑来找妈妈了,其实他并没有什么要和妈妈说的,妈妈便让他自己玩一会儿。可没过几分钟,果果又来找妈妈了。来来回回几次之后,妈妈就留心起来:"平时很喜欢看蚂蚁的果果,为什么现在又不看了呢?"妈妈于是停下手中的活,专心陪着果果,想找找原因。

有妈妈陪着,果果就安静了下来,可是他依然看了一小会儿,又干别的事去了,妈妈意识到果果很有可能因为常常被打断,而无法静不下心来做一件事,甚至已经习惯

了自我打断。

"哇!快看,蚂蚁又出来了!"果果见妈妈也饶有兴趣地看蚂蚁,便也凑了过来睁大眼睛观察起来。

"这蚂蚁究竟是怎么打洞的啊?我们一起来观察吧!""咦?沙子都搬去哪儿了?"妈妈继续引导,果果认真看了起来。

"他们把沙子搬到这儿了!"果果兴奋得指着。

"哇!这都被你发现了,果果你真细心!蚂蚁在走直线还是曲线呢?"

"好像是直线,但是它们又转弯了,又像是曲线。"果果有点犹豫,便越发认真地观察起来。

"不知道蚂蚁打洞要多长时间?"

"我也好想知道!妈妈我们来计时吧!"

"妈妈,快看,这就是蚁后了!"

"果果观察到了!蚁后住的地方就是权力中心了,像皇帝一样。"果果听罢,更加认真地去发现蚂蚁屋中的新鲜事了。

"果果,你觉得和蚂蚁相似的小动物还有谁啊?"

"是蜜蜂吗?蜜蜂也有蜂后,也有一个个的洞。"

"是的,这些洞的功能可都不一样哦。"

……

于是，果果在妈妈的引导下，不仅认真观察了蚂蚁的行为、分工、产卵，还探索蚂蚁行为背后的原因，甚至还用画画的形式每天把蚂蚁屋的观察记录下来，此外还饶有兴致地去研究蜜蜂的习性，等等。

在孩子小的时候，成人的某些"关爱"行为很可能不自觉地干扰了孩子的专注力，所以成人需要更多地学习和了解什么行为会对孩子的成长产生什么样的影响。同时要明白，很多时候并非孩子不够专注，而是在他年龄尚小的时候，需要家长的陪伴与指导，拓宽思路，这样才能向纵深的领域去观察、去思考。

发现优势和兴趣，不用焦虑不用卷，也能轻松培养孩子专注力

 "你数数路边有多少棵树"——让孩子像福尔摩斯一样专注

刚上一年级的然然总是丢三落四，经常丢个铅笔、丢个橡皮，要不就是忘记带水壶、找不到外套。妈妈很智慧，并没有耳提面命地训斥然然，而是在一次跟他聊天的时候，不经意地提道："然然，你知道你最喜欢的福尔摩斯为什么那么厉害吗？"

"可能他有超能力，他总能发现蛛丝马迹！"

"是啊！他总能够在案发现场杂乱的环境中发现各种蛛丝马迹！我记得有个经典的片段令人回味无穷。"

"是哪个片段啊？"然然好奇心来了。妈妈和然然一起回忆了《福尔摩斯探案集》中那个经典的桥段。

> 华生问福尔摩斯："咱俩形影不离，但为什么每次都是你先弄明白案件真相？"
>
> 福尔摩斯回答："因为我总在观察。"
>
> 华生说："我也在观察啊。"

> 福尔摩斯问:"门口的楼梯咱们每天都要走,你知道它一共有多少级台阶吗?"
>
> 华生答不上来。
>
> 福尔摩斯说:"是17级。你只是'看见',我这才是'观察'。"

"对对!福尔摩斯有一句经典的话:'看见'不是'观察'!"然然也想起来了。

"是啊!你看福尔摩斯总是在仔细观察,所以才拥有了破案的神奇超能力。他的这种超能力啊,不是天生的,然然也是可以练习的哦!"

"怎么练习啊?"然然此刻已经迫不及待了。

"平时我们上学走的那一段路,路旁都有很多树,你知道一共有多少棵吗?"妈妈和蔼地问道。

"有很多,但真不知道有多少棵呢。"

"那我们明天上学数一数吧!"

待到第二天上学时,然然开始认真地数起了路旁的树。"天啊!总共有128棵!"然然难以置信地和妈妈说。

"哇!真的不数不知道呢!然然刚才数得非常认真,

发现优势和兴趣，不用焦虑不用卷，也能轻松培养孩子专注力

连一只气球飞过也没有受干扰。你啊，越来越像福尔摩斯那么专注了！"

然然觉得这样很好玩，就在平时喜欢观察起日常细节来，时不时和妈妈汇报，"走上三楼共72级楼梯""楼下共有13间商铺"……至于丢三落四的坏毛病，早已被小福尔摩斯自己破解了！

大部分孩子在考试当中都容易犯"审题不仔细"的错误，家长往往仅把此归结于粗心，孰不知粗心便是专注力的问题。其实只要引导孩子留意日常生活中的细节变化，对习以为常的环境、人物、事物进行观察，孩子便能启动自己细心观察的能力，久而久之，这种能力便能迁移到学习上，"粗心"的情况也会大大降低。

7 "找找这两幅图有几处不同"
——带孩子来找茬，训练专注力

晴晴是一名三年级的学生，数学成绩一直徘徊在80多分，每次考后分析，她自己再认真看题目时发现都会做，真是很遗憾。妈妈认为晴晴就是粗心，只要她小心审题，认真计算，考试肯定没有问题。妈妈把这个道理跟晴晴说了很多很多次，可是同样的问题一再发生：明明会的题目，就因为看漏看错了一个条件就把题目做错了。

比如，题目为"动物园有熊猫4只，猴子是熊猫的3倍，问一共有熊猫和猴子多少只？"，晴晴会写上3×4＝12（只），忽略了问题是"熊猫和猴子共多少只"，而不是问"猴子有多少只"。妈妈为此很是苦恼，便去咨询老师。

其实，这是孩子视觉专注力不够所致。很多家长认为这是孩子的主观意识问题，其实不然，实乃孩子的技能不足，缺乏训练。而幸运的是，所有的技能都可以用训练加以提升。那么，该如何训练呢？

发现优势和兴趣，不用焦虑不用卷，也能轻松培养孩子专注力

简单的"大家来找茬"游戏，也就是找两幅相似的图中的不同点，便能让孩子越玩越专注。

"晴晴，你看看这两幅图，你能找出几处不一样？"妈妈接受了我的建议，开始引导晴晴做游戏。

起初，晴晴两眼一会儿扫扫右图，一会儿看看左图，好不容易找出几个不一样的地方并圈了出来。

"哇！这个都找出来了，妈妈可没看出来呢！你刚才真的特别认真地在找不同啊！"妈妈鼓励道。

"再来，还要玩！"晴晴来了兴趣。

玩了一段时间后，晴晴"找不同"的速度越来越快，这下妈妈虚心地请教起来："晴晴，你是怎么做到那么快就找出来的啊？"

"嘿嘿！我发现了秘诀，一开始我会一点点地对照着细节看，这样特别慢；现在我会把两幅图放远一点同时看，这样好像更能感觉到哪里不对劲，然后再去看细节，通常也就很容易找到不同之处了！"晴晴得意地说。

"我的天啊，你不仅做得越来越快，还能总结出经验来！不得了，妈妈觉得你这套'找不同'的经验用在做数学题上也是绝佳的方法呢！"妈妈引导道。

"怎么可能呢？"晴晴怀疑道。

"你看，我们看到一道数学题的时候，就像你一开始

面对这两幅不一样的图,咱们都可以从整体上先来看,先把题目读懂了,再看具体的细节。"

"细节?题目的细节看些什么呢?"

"比方说,条件是什么、已知是什么、问题是什么……这些要素就像是图中的细节一样,也是出题人设下的埋伏,把这些找出来后,就好像在'找不同'里,知道了大概会在哪些地方做手脚一样。"

"好像很有意思,我想试试看!"晴晴跃跃欲试。

晴晴看到一道题目:爸爸、妈妈和我分别掰了9个玉米,小弟弟掰了6个,我们全家一共掰了多少个玉米?

晴晴写上已知:爸爸、妈妈和我分别掰了9个玉米,那么就应该是3个人各掰9个,即 $3 \times 9 = 27$(个);小弟掰了6个。

问题:我们全家一共掰了多少个玉米?这里有个隐含的条件就是全家总共有四人,分别为爸爸、妈妈、我和弟弟。所以问的是"全家",就应该是爸爸、妈妈、我和弟弟掰的总数,即 $27 + 6 = 33$(个)。

"答案是33个!"晴晴自信地说道。

"这么快就算出来了?看来你真是掌握了找茬的精髓呢!"妈妈鼓励道。

"是啊!我发现了,所有有数字的地方都是已知的条件，所有问'多少'的地方就是问题，这样一圈出来好像就没那么难了！"晴晴自己总结道。

通过找茬的游戏，晴晴渐渐锻炼了观察细节的能力，这些都能帮助她在做数学题目或阅读时不断提高抓关键要素的技巧。

如果你觉得孩子做题目时总是缺少对关键要素的掌握，那么不妨一起来玩找茬游戏吧。

"这些问题都说明你在认真思考"
——引导孩子思考训练专注力

小学生总爱刨根问底地问问题,铭铭就是这样一个孩子。

一天,吃着吃着饭,铭铭问道:"这豆腐是种出来的吗?"

奶奶笑道:"傻孩子,豆腐怎么能是种出来的呢?豆腐是黄豆做成的。"

"黄豆是怎么做成豆腐的呢?"铭铭继续追问。

"黄豆加水磨成浆,然后加入石膏,就变成豆腐了。"奶奶说道。

"为什么加入了石膏就能变成豆腐呢?"铭铭继续发扬刨根问底的精神。

"你这孩子,可真是问题多啊!"奶奶有点答不上来。

"铭铭,你问这些问题,说明你在认真思考呢!我们一起来找答案吧。"妈妈鼓励铭铭。

"太好了!"铭铭欢呼道。于是,妈妈带着铭铭一起查看了制作豆腐的视频，知道了黄豆从浸泡、研磨、煮浆、凝结的过程。"可是为什么石膏能把这些豆浆变凝固？别的东西不行吗？"铭铭看了制作豆腐的过程，还是没找到答案。

"铭铭，你问的这个问题可是一个好问题啊！妈妈知道豆腐是我们古老的食物，从老祖宗那就传下来了，现在是我们常见的食品，而很多食素的人更是靠豆腐和豆制品来获取蛋白质，但是究竟为什么古代的人能够发现石膏能让豆腐凝固呢？这个妈妈也特别想了解，那我们再来看看吧。"

于是，妈妈继续带着铭铭找寻豆腐的起源。有一种传说在李时珍《本草纲目》中有记载：豆腐之法始于西汉淮南王刘安。那么刘安是怎么发现石膏能够使豆浆凝固的呢？相传刘安喜欢研制长生不老的丹药，有一天刘安端着一碗豆浆在炼丹炉旁观察，一不小心把豆浆洒到了旁边的石膏上，过了一会儿发现石膏消失了，而豆浆变成了白白嫩嫩的东西，于是豆腐便诞生了。

铭铭听得津津有味，妈妈看他如此沉浸，便再引导解释说石膏进入豆浆后，是因为正离子和负离子会和豆浆中的水分子结合，打破豆浆中蛋白质和水交融的状态，使得蛋白质颗粒凝聚，形成了沉淀。

"妈妈，什么是正离子和负离子？"铭铭又听到一个新概念。妈妈微微一笑："铭铭真是一个好学好问的孩子。这是我们看不见但是时刻存在的东西，铭铭上了中学会学到具体的内容，妈妈也只能简单地说一下。比如空气中就含有负离子，如果去到公园、森林、瀑布等环境后，或者是闪电、下雨后，我们都会感到空气更清新，这都是因为空气中的负离子含量增多了。具体的可以等以后铭铭去探索哦！"

"真神奇啊！为什么人能够发现那么多神奇的东西呢？"铭铭眨着好奇的大眼睛感叹道。

妈妈笑笑，说："就是因为有千千万万个像铭铭一样，喜欢问为什么、喜欢去寻找答案的人，我们才有了那么多的发现和发明创造，而以后我们的世界会有什么新鲜的事物也是未知的，等着铭铭去发现和创造呢！"

都说好奇心是人类进步的阶梯，我们要尽可能地呵护孩子的好奇心，哪怕孩子的千百万个"为什么"我们答不上来，或者孩子的现阶段理解能力还不足，都无伤大雅，只要孩子主动地思考这个世界的一切，他们的专注力也就在不知不觉中强化了。

发现优势和兴趣，不用焦虑不用卷，也能轻松培养孩子专注力

⑨ "今天在这项学习上你坚持了两小时"——让孩子看到自己的自制力

八岁的萍萍看到酒店大堂的钢琴，饶有兴趣地跑去研究一番，迟迟不肯离去。妈妈见她那么有兴趣，便给她报了一节钢琴课，萍萍试课后还真是觉得很感兴趣，于是便踏上了练琴之旅。

然而，练琴的路哪有一帆风顺？

起初，萍萍还能很有热情地上课、练琴。渐渐地，萍萍想退缩了，每到钢琴课时总是一副不情愿的样子，而练琴时也有些敷衍，其中有一些小节比较困难，弹起来断断续续的，让人听着烦躁，她就更加不愿意继续弹了。

妈妈也跟着有点着急："萍萍，这学钢琴是你当初自己选择的，妈妈可没逼你啊，现在钱也交了，时间也花了，你这样的态度就等于半途而废啊！"

萍萍很不耐烦，嘴巴一嘟便跑开了，剩下快要爆发的妈妈。爸爸见状，拍拍妈妈，让妈妈去休息，他来处理这件事。爸爸和萍萍说："萍萍，虽然爸爸不懂钢琴，但爸爸

刚才仔细听了,你上课是有认真听讲的,起码把今天老师教的都练了一遍,说明你特别想学好,并不是半途而废。现在只是在第三节中有点断,咱们再坚持一下,我们一起把这段给攻破了,如何?"

萍萍听到爸爸的肯定,气消了一半,便重新回到钢琴前,练了起来。"对,爸爸觉得比刚才顺畅些了,你觉得怎样?""好像还有点断,我再试一下。"萍萍又练习了一遍。

"也许,我们再练一遍会更好。"爸爸建议道。"再坚持一下""再坚持多一点点"……萍萍在爸爸的鼓励下,又练习了七八遍,终于把这段谱给攻克了!

"萍萍,恭喜你啊!终于把这段给弹好了!你知道吗?刚才你练琴练了两个小时!"

"什么?"萍萍一看时间,果然从5点练到了7点,"我居然练了这么久啊!"

"是的!说明你对钢琴有足够的热爱和坚持。来,把此刻的感受记在脑海里,或者画出来,这些成功的体验比你今天把这段弹好还要重要,因为热爱和坚持会帮助你获得更大的进步。"

第二天,萍萍在练琴时依然有点情绪,爸爸在旁边平静地提醒她:"如果觉得累了可以休息一下,想想看,昨天的两小时你是怎么坚持过来的？"于是，萍萍又练了起来，就那么一次次地坚持，萍萍再次克服了自己的畏惧和惰性。

此后，萍萍在练琴这件事上，并不需要爸爸妈妈操心太多，每每她不想练习的时候，都想起自己那天傍晚从5点练到7点的经历。越坚持练习，萍萍的收获就越大，渐渐地形成了正向反馈，使她在练琴的道路上越走越有信心。

其实，要说萍萍爸爸有何高明之处，无非就是让孩子看见自己能做到。孩子还小的时候，对时间通常是模糊的概念，需要父母一遍遍地提示他们，让他们看见自己的能力所在，只要一旦让孩子察觉，并看见自己能做到，那么孩子的自制力、专注力也便自发产生了。

10 "你更喜欢做哪个部分"——让孩子找到可继续坚持的点

周末,老师让同学们做一个科学小实验,并把过程写下来。

写作文对于小雪来说是个苦差事。小雪觉得这个过程实在太难了,都不知道怎么开始,哭了好几回,愣是写不出来。

妈妈看到孩子费尽周折还没有头绪,决定辅助小雪一起完成这次的作业。

妈妈:"小雪,妈妈来陪你一起看看,你觉得现在最难的地方是什么?"

小雪:"老师让写150字的实验过程,太多了,我根本写不出来嘛。"

妈妈:"哦,字数多写不出来,这个有点难。那小雪想想,这个作业里面,有没有哪部分是你觉得还有点儿意思的呢?"

小雪:"做科学小实验倒是挺有意思的。"

妈妈:"那我们先做实验,做完了再研究怎么写,这

发现优势和兴趣，不用焦虑不用卷，也能轻松培养孩子专注力

样好不好？"

小雪一听可以先做实验，瞬间就"阴转晴"了，兴高采烈地准备实验材料去了。妈妈也顺势架上手机，开始录制实验的过程。

实验完成了，妈妈也帮小雪录好了视频，小雪看着视频很开心，可一想到要写作文，又开始"晴转阴"了。小雪不喜欢写字，特别是还有很多字不会写，要完成一篇作文那简直太难了。

妈妈又一次帮小雪寻找了一个突破口——写着难，就先说一说。小雪对照着视频，讲述了一遍自己做小实验的步骤。妈妈帮小雪录音并转了文字，方便小雪后期整理。

看着整理好的小作文，一共223个字。小雪向妈妈投去了幸福的笑容："妈妈，你可真有办法。"

在上面的案例中，小雪妈妈在小雪两次遇到困难的时候，都尝试引导小雪找到自己觉得"更喜欢的那个部分"，让孩子找到了可以继续坚持的点，一点一点地拆解，从而帮助孩子完成她眼中"浩大的工程"。

俗话说"万事开头难"，无论做什么，要想一次就成功都不太容易，对于孩子来说更是如此。所以家长在孩子遇到困难时要适时给予一定的帮助。当小雪几次尝试失败后，妈

妈决定辅助小雪完成这次作业。对于孩子来说，满眼都是困难；但是妈妈却帮助小雪寻找到了一个"突破口"——有点儿意思的部分。妈妈也是通过这个突破口，把小雪从情绪中拉了出来，开始在写作文这件事上踏出了第一步。

孩子刚开始有自己的学习生活，妈妈就要有意识地从过去"保姆"的角色中走出来，去尝试做孩子的"行为教练"，引导孩子学会解决自己遇到的困难，并在这个过程中不断总结方法。不但自己要做有办法的妈妈，还要培养出会想办法的孩子。

第 3 章

生活环境小改变，养出有爱、和善、能干的娃

1 "桌上只有学习必备用品"——学习环境越简洁越有助于专注

刚上一年级的梓涵的桌子上总是横七竖八地放着各种书、文具、笔、玩具之类的物品，到要做作业的时候总是东找找西翻翻。这样一来，别说专心做作业了，光是找东西再把玩一会儿小玩意们，都已经耗费了大量时间。

妈妈的书桌和梓涵的靠在一起，妈妈也没帮梓涵收拾书桌，只是默默地在完成每天的工作后把自己的桌子台面清洁好，把东西都放回原位。

一天，梓涵在做作业时依然把桌子翻了个底朝天，妈妈见状，笑着对梓涵说："梓涵，你猜妈妈现在要用笔的话，会从哪里拿出来？"

"从这个小抽屉里。"梓涵也知道妈妈的笔放在哪里。

"那你觉得妈妈把笔拿出来需要花多长时间？"

"可能几秒钟吧。"

"那我们做个试验，妈妈现在开始拿笔，你帮我计时哦。"

"1、2、3！用了3秒！"梓涵说。

"那看来梓涵估算得很准确哦!现在轮到梓涵拿自己的笔了,妈妈开始计时。"

梓涵又开始翻来翻去。"我记得昨天就放在这书下面,怎么不见了?哎,原来掉地上了啊!"梓涵把笔捡起来,"妈妈,我找到了!"

"好的,用了三分钟。梓涵,你觉得妈妈拿笔快还是你拿笔快啊?"

"当然是妈妈快了。"

"那为什么妈妈能够做到那么快呢?"

"因为妈妈的笔都固定放在同一个地方,所以不用找来找去。"梓涵总结道。

"哇,妈妈这个高效率的秘密被你发现了哦!那么请你再仔细观察观察,妈妈的书桌和你的书桌有什么不一样啊?"

"东西摆放得比较整齐,也没有零碎的杂物,而且所有物品都是分类摆放的。"

"看来你是一个观察高手啊!可以再说说看,妈妈是怎么分类的吗?"

"就是书放到书架上,笔放到小抽屉里,草稿纸用文件夹夹着。"

"梓涵,你观察得真仔细。这样一来,妈妈的东西不仅一目了然，而且也能随时拿到。而能做到这一点，只是因为妈妈坚持了一个小动作。"妈妈说到这，停下来看看梓涵。

"什么小动作啊？"梓涵迫不及待地问。

"就是工作完成了，书看完了，笔记写完了，都把桌面按照'神奇四步骤'收一收，就可以啦！"

"什么是'神奇四步骤'啊？"梓涵继续追问道。

于是，妈妈给她看了自己收拾书桌的"神奇四步骤"：

	神奇四步骤	
1	去无用	清理非学习用品，把艳丽的装饰、兴趣类用品、玩具、食品等从桌面上清空。避免在学习过程中被物品吸引，分散专注力；清理过期学习用品，比如上学期的书本。减少桌面物品存放量，能使学习空间变得整洁有序，孩子也能更好地集中精力
2	分成组	把不同类别的物品先进行分类，比如分成笔、本、书、工具、兴趣课，并把同类物品统一装盒或者装袋
3	划分区	将物品分类整理好后，就要把桌面进行分区。物品要固定区域摆放，降低寻找物品的难度，有效提升学习效率
4	取放顺	在整理时就要注意取放方便。物品不要一个压一个，收纳盒也不要放得太满。这样，拿出来方便，放回去也顺手

"原来收拾书桌还有这么多方法啊！难怪我总是找不到东西！我也要使用'神奇四步骤'把桌子收拾好！"梓

涵说干就干，面对无从收拾的书桌，按照四步骤一步一步来，最后把书桌清理得干干净净。

自此，梓涵和妈妈互相监督，每天完工后坚持收拾书桌。这样，只要来到书桌前，就能很快进入平静而专注的学习状态了。

"说了多少遍了，把桌子收拾好！全世界只有你那么乱糟糟！"瞧，这是不是我们面对孩子乱糟糟的书桌时最常说的话？有时候我们经常会对孩子出现的不良习惯苦恼不已，而没有想过教孩子技能。"收拾书桌"这件小事，对于大人来说，看起来轻而易举，但也依然是需要训练的。那么，如果现在您的孩子书桌依然混乱不堪，不妨像梓涵妈妈一样，引导孩子整理书桌吧。

生活环境小改变,养出有爱、和善、能干的娃 第3章

 "如果没有电子产品,我可以做什么"——减少被动干扰,孩子自然专注度高

10岁的小硕每次放学回家就是打开平板看动画片,妈妈提醒一句,他就说"就一集,看完就好了",但小硕从来没有遵守过约定,每次都超时,通常直到妈妈大发雷霆,才肯罢休。妈妈尝试过把平板收起来,把密码改了,可是小硕又会去找奶奶拿手机来刷小视频,妈妈也和奶奶沟通过几次,奶奶坦言:"闹得我烦,玩一下就玩一下,随他去吧。"于是,小硕这无节制使用电子产品的坏毛病算是落下了。妈妈几乎每天都因为使用电子产品的事陷入与小硕的讨价还价之中,影响孩子的专注力不说,还破坏亲子关系。

妈妈为了此事甭提多苦恼了,于是请教了家庭教育老师,老师给出的方法是:带孩子去户外,尝试野外露营,这期间不带平板,手机关机,看看有什么新发现。

于是,妈妈便带着小硕到一处海边小岛上开始了两天

79

的露营之旅。

一开始小硕兴奋得不得了，又是帮忙勘察地形选择露营地，又是帮着安营扎寨，还去海边玩水玩得不亦乐乎。待一切准备就绪，小硕渐渐觉得有些无聊，便和妈妈说："要是能看会平板和手机就好了！"

妈妈正等着小硕说这句话呢，于是便笑笑："是不是觉得有点无聊了？想想看我们现在就回到了没有电子产品的年代，如果没有电子产品，我们能做些什么？"

"这里就只能玩水了啊，什么也没有，可我玩水已经有点玩腻了。"平时沉迷于电子产品的小硕，对身边的事物缺少了一些好奇。

"小硕，你知道为何我们要把帐篷扎到离海边那么远的地方，而不是直接扎到平整的海边吗？"

"因为担心被海水冲走。"

"海水现在看上去根本到不了你刚才想选的地方，为何又有可能被海水冲走呢？"

"不知道。"

"因为有潮汐啊，那你知道潮汐又是怎么引起的吗？"

"不知道，潮汐是怎么引起的啊？"小硕也来了好奇心。

"这个问题啊，留给你自己回去看书找资料寻找答案吧。现在你可以先把这个问题写下来。其实你如果细细观察，会发现这大自然里藏着大量的'为什么'，等待你去发现、去探索呢！如果你觉得无聊，那么就多问几个'为什么'，把它们都写下来，然后去观察，去寻找答案，看看会有什么事情发生。"

经妈妈这样点拨，小硕也尝试去探索，一会儿发现螃蟹洞，一会儿说发现了很多寄居蟹，还一边看一边在自己的本子上写写画画。妈妈一看，已经写了十几个问题了，有"潮汐是怎么引起的？""螃蟹为什么要打洞？""寄居蟹为什么要寄居？""沙子为什么有细有粗？""户外要如何生火？"……

"哇，小硕，这才一会儿工夫，你就发现了那么多问题啊！"

"妈妈，我忙着呢！我晚点再和你说吧！"

小硕一头扎进自己的探索活动中，全然不觉时间的流逝。休息时，小硕和妈妈分享："我觉得这里太好玩了！"

"看来你找到了大自然的密码，打开了大自然的宝藏之门。"妈妈笑笑说。

"嗯，我现在好想在网上找找答案啊，我观察到好多现象，有好多问题。"

"你都观察了什么啊？"妈妈好奇地问道。

"我观察到这个螃蟹洞,那为什么螃蟹要打洞呢?难道洞里有吃的?还是因为要躲起来不喜欢见到阳光呢?螃蟹喜欢吃什么呢?你看,螃蟹喜欢在这种湿湿的土和沙子中打洞,如果把它放到干沙子里,它还会打洞吗?妈妈,你说网上能不能搜索到答案?"

"我猜,有些问题会有答案,网络作为一种工具,真是好东西呢,它能够帮助到我们提升生活和学习效率,有些问题的答案,一搜就有了。不过它也有可能成为牵制人的物品,比如看动画、刷短视频,带给大脑短时的刺激,把大脑训练得几十秒就要兴奋一次,长此以往,会导致人们在学习时无法坚持超过3分钟的思考。今天我看你写了那么多问题,观察思考了很久,已经不止3分钟了,你觉得和刷短视频相比有什么不一样的感受吗?"

小硕看了看手里的本子,有点爱不释手了,"嗯,我有点着急,我想给这些问题都找到答案。"

"那如果现在给你一台平板,你会做得和以前有什么不一样吗?"

"我会先去找答案。"

"对于刷短视频这个问题,你有什么看法?"

"不刷或者在规定的时间里看一会儿,一直刷会让大脑注意力不集中。"

生活环境小改变,养出有爱、和善、能干的娃

"看来你不仅意识到电子产品对你专注力产生的危害,而且还想到了办法怎么来应对它的诱惑。我们互相监督啊,妈妈也不能完全抵制住电子产品的诱惑呢!"

"妈妈,我想到了,我们来一起做一个'不玩电子产品可以做些什么'的清单吧,当我们有了这个清单后,以后一无聊想刷短视频时就能用到这个清单了!"

	小硕之"不玩电子产品可以做些什么"的清单
1	读书
2	画画
3	搭积木
4	打篮球
5	下棋:五子棋/飞行棋/国际象棋/围棋
6	跳房子
7	走迷宫
8	玩数独
9	玩魔方
10	玩扑克牌

"好主意!看来小硕是点子大王啊!不仅能自己发现问题,还能自己想办法解决问题!"

于是，以后每逢小硕又想偷偷刷短视频时，都会拿出这份清单，转而投入其他活动当中，渐渐地减少了对电子产品的依赖。

电子产品的问题相信每个家庭都会遇到，不仅是孩子难以控制，家长亦然。与其只是一味地埋怨孩子总是控制不住地玩游戏、刷手机，不如和孩子站在统一战线，直面过多使用电子产品所带来的专注力下降等负面问题，一起制定家庭电子产品使用规定，丰富除了电子产品外的活动内容，并共同遵守，让孩子在面对电子产品的诱惑时不至于如此孤立无援。

3 "我看书,你做作业"——家长做学习的榜样,孩子更专注学习

明浩是一名刚上三年级的学生。虽然现在作业开始多了起来,但回家后明浩还是习惯先玩一大段时间,到了晚上快9点才开始做作业,写的速度又不快,还常常分心,经常做到晚上11点才睡觉。

妈妈为此训斥明浩多次,让他回家赶紧把作业写了再玩。可是妈妈每天也很晚下班,不能总是在明浩放学回家后就盯着他,而且妈妈回到家后还得做各种家务,常常是一边做家务一边嚷嚷着"别玩了,快写作业",然而明浩好像没听到似的,依然在玩自己的玩具。

妈妈为此请教老师,老师支招让妈妈陪写作业一段时间,帮助明浩养成习惯。

"可又要做饭,又要洗碗、晾衣服、拖地的,哪有那么多时间陪他做作业啊!"妈妈很是苦恼。

"明浩妈妈,我们大人的时间也和孩子的时间一样,需要规划出来的。毕竟学习是一件孤独的事情,您的陪伴将降低明浩的孤独感,哪怕只是陪半小时。陪伴写作业的

时候，也不需要一直盯着明浩，只需要在旁边安静地看书，对大人而言也是一种放松，不是吗？"

于是，妈妈和明浩约定，每天晚上7点到8点是全家的共同学习时间，这个时间内，大家都放下手上的其他事情，只能做与学习有关的事情，方法试行期为两周。

试行的第一天晚上7点，明浩还一如既往地在玩玩具，妈妈说了句"学习时间到了"，便来到书桌前，安心地翻开自己喜欢的书看了起来。

过了10分钟，明浩还没有反应，妈妈温柔而坚定地说："明浩，请遵守我们的约定！"明浩见妈妈率先遵守约定，并没有像平时那样在厨房里忙活，于是便也来到书桌前开始做作业，妈妈笑笑说："我看书，你做作业吧。"

一开始明浩还是忍不住想边写作业边玩，可看到妈妈也在旁边看书学习，明浩也不好意思玩了，开始专注地做起作业来。试行了几天后，明浩做作业的效率提高了不少。

两周后，妈妈和明浩对"共同学习时间"的方式进行复盘，明浩很开心："这个方法好，不仅作业早早就完成了，玩也没耽误，而且更重要的是……不用再听到妈妈唠叨了！哈哈！"

妈妈也感慨这个方法神奇，以往总想着抓紧时间做完

生活环境小改变，养出有爱、和善、能干的娃

家务，然后再充充电，可是每每做完家务就已经很累了，看书的计划就搁置了。现在先看书陪孩子，看书的时候就已经给大脑和身体充了电，往往在明浩做完作业开始玩时，自己也可以安心做家务，因为不用惦记明浩还没完成的作业，自己做家务的效率也越来越高了。

后来，明浩甚至会在妈妈做家务时一起帮忙，这样一来，妈妈还有时间陪他做心爱的科学小实验呢！

从此，明浩对时间的规划有了进一步的认识，发现原来把时间规划好，自己不仅能按时完成作业，还能做那么多别的事情，心里的成就感不言而喻。

有多少家长恨不得孩子能像一台设定好程序的机器人，只要发出"做作业""睡觉"等指令，便能一键实现？但孩子不是机器人，他需要榜样，需要从大人身上学习如何做到自律。当大人因为每天的时间安排被弄得手忙脚乱时，孩子何尝不是在他小小的世界里也面对着无所适从的各种任务？所以，我们作为家长，需要把陪伴孩子的时间规划出来，慢慢协助孩子步入正轨。

4 "我只听，我不说话"——家长学会闭嘴，孩子更能一心一意

老师反馈一年级的莉莉在课堂上总喜欢和同学说话，不能专心听讲。妈妈也观察到同样的问题，莉莉在家做作业时也总是坐不住，如果妈妈陪在身边，更是总想跟妈妈东扯扯、西谈谈。

这一天，莉莉在家做作业，妈妈在旁边坐着看书。莉莉写着写着便说道："今天一诺说他曾经去过西藏，说那里会缺氧，他爸爸妈妈都缺氧了要吸氧，但他却不会。妈妈，什么是缺氧啊？为什么他不会缺氧，他爸妈会缺氧啊？"

"怎么突然想起这个问题？"妈妈忍不住问道。

"我看到一个'藏'字，就想起他说的西藏来了，西藏在哪里啊？为什么会缺氧？"莉莉继续好奇地问道。

妈妈看到莉莉那么好奇，便和她解释起高原地区氧气稀薄的事，还领她到地图前，告诉她西藏在哪里。至于为什么大人比小孩更容易缺氧，她们又上网查阅了资料。

把这一系列事情做完后，妈妈发现时间已经又过去

生活环境小改变，养出有爱、和善、能干的娃

了30分钟，便着急地催促道："快做作业吧，你看这都几点了！"

随后的几天，妈妈都发现自己极容易被莉莉带着走，"这样下去可不行，在家都如此，难怪在课堂上喜欢说小话了。"妈妈意识到其实这是莉莉的专注力出现了问题，思维比较跳脱导致的。于是，便想了个办法。

晚上做作业的时间到了，妈妈依旧陪伴莉莉在书房坐下，在莉莉开始做作业前，妈妈用手比画了一个把嘴巴像拉拉链一样拉上的动作："今天啊，为了帮助你专心做作业学习，妈妈把嘴巴闭上了，待会儿你有什么疑问或想法，都可以在作业结束后再跟妈妈说。如果你中途说话，我不会回答你哦。"妈妈再次做了"拉上嘴巴"的动作。

莉莉看到妈妈的动作觉得有趣极了，便笑道："你肯定忍不住和我说话的！"

"好，等着瞧吧！计时开始！"妈妈按下了计时器。

果不其然，过了不到5分钟，莉莉便开腔了："妈妈，今天老师上课时说了一个成语故事，叫'拔苗助长'，那个'拔'字怎么和这个'拨'字长得这么像啊？不知道古时候的人怎么把它们区分出来，我真想看看甲骨文中它们有什么区别！"

"思维又跳脱了，不能做完作业再看吗？"妈妈话到

嘴边，又咽了下去，只是笑了笑，并对莉莉比画了"拉上嘴巴"的动作。

"妈妈，你怎么不说话呀？"莉莉见妈妈不说话，并比画了"拉上嘴巴"，心有不甘，继续说道："妈妈，你不觉得我说的这个很有趣吗？要不我们现在就上网去查资料？"

妈妈继续对着莉莉笑了笑，比画"拉上嘴巴"的动作，并指了指闹钟。

只有莉莉自己在说话，渐渐地莉莉感到有些自讨没趣，便埋头做起了作业。当做完的一刻，莉莉一看时间："哇！我今天比平时快了30分钟呢！"

"是啊！那是因为你刚才克制住了自己想做别的探索的想法，所以才那么高效！"妈妈夸奖道。

"唉，没办法，你都不跟我说话，一点儿都不好玩！不过现在提前做完了，妈妈，我们可以说刚才那问题了吗？还有我想玩新买的象棋！"

"那当然可以啊！"妈妈一边应允着莉莉，一边自我总结道，"原来孩子的不专心和我脱不了干系。只要我克制了自己，学会闭嘴，孩子就更能一心一意地做事情了。"

孩子处于好奇心蓬勃发展的阶段，自然对各种事物都充满了好奇，这本是好事情，可不曾想孩子这种跳脱的思维却干扰了其专注力。不少家长也反馈自己总是被孩子的思维牵着走，一会儿问问这个，一会儿聊聊那个，仿佛总有说不完的话题，而家长呢，大多数时候也乐意与孩子闲聊。要是我们大人能首先把好奇心收起来，孩子就更能一心一意做事了。

5 "虽然我很想知道,不过我可以等到明天"——家长有耐心,孩子不易被打扰

最近,妈妈和成成的关系相处得特别融洽,家里总是充满欢声笑语。可是,妈妈发现成成晚上睡觉的时间却从9点30分渐渐地推迟到10点30分。

原来,以往妈妈总是只和成成说作业功课的事,以至于成成都不再愿意和妈妈谈论别的话题了。

妈妈也意识到这样的方式不对,毕竟育儿是一项长期工程,太过于关注学业成绩不仅让孩子对学习产生逆反心理,还容易破坏亲子关系,得不偿失。

于是,妈妈恢复了和成成的睡前"闲聊",这招也果然有效,成成渐渐又变回从前与妈妈无话不谈的孩子。

但这个融洽是牺牲了孩子的睡眠时间换来的。妈妈意识到,孩子晚睡和自己有关,虽然自己也很享受和孩子聊天的时光,但也不能顾此失彼,让孩子的睡眠被打扰。

这一天,晚上9点15分,成成在睡前又和妈妈聊得滔

生活环境小改变，养出有爱、和善、能干的娃

滔不绝，"妈妈你知道吗？今天我们班上的大勤带了一只七星瓢虫来，但不是红黑色的，你猜是什么颜色的？"

"七星瓢虫还有别的颜色？"成成这个话题确实引起了妈妈的好奇心。

"对啊！是黄黑色的！对了，我好像在那本大百科的书上看过！"成成说着，又一溜烟儿地跑去书架找书看，"快看，就是它！我找到了！"

妈妈被成成这浓烈的好奇心所感染，也跟着看了起来。这一看可好，时间已经不知不觉来到10点10分，"快睡快睡！"妈妈一边催促，一边后悔今天又被成成带跑了节奏，并下定决心要从自己做起，收敛自己的好奇心。

第二天9点15分，成成又开始说起今天自己的所见所闻，"今天小羽给我们变了个魔术，在一张纸上剪一个洞，大到可以让一个人穿过！妈妈，你知道是怎么做到的吗？"

妈妈确实也跟着萌生了好奇心，但一看时间，原来已经聊了30分钟，不知不觉又已经9点45分了，再聊下去又不知到什么时候了。于是说道："妈妈也很想知道，但是我可以等到明天。"

"我不想等到明天，我迫不及待想告诉你，你绝对想

不到的！"成成不甘心，想继续说。

"成成，妈妈真的是很想知道，但我可以等到明天，也正好能让妈妈思考下是怎么剪出来的嘛，你能把这个秘密守到明天吗？"

"可我忍不住想说了！"

"哈哈，我可以等明天哦。现在已经9点45分了，按照约定，现在要做什么啊？"

"睡觉……"成成不情愿地说道。

"好的，那我们明天再继续聊，晚安了，宝贝！"

成成正好睡意也来了，也便作罢。渐渐地，成成的睡觉时间也便调回正常了。

妈妈这么有耐心，成成耳濡目染，有时在做着作业，小同学呼唤他出去玩，他也会说："我也很想去玩，但我的事情还没做完，我明天再去吧。"

都说孩子小的时候就是父母的复印件，孩子这个复印件上的问题不应该在复印件上找原因，而应该在父母这份原件上找。

生活环境小改变,养出有爱、和善、能干的娃

6 "无论你做什么决定,我都爱你" ——坚定的支持,提升孩子的注意力

暑假到了,惠惠这次主动做起了暑假计划。

惠惠的暑假计划	
时间	事项
7:30—8:00	晨读
8:00—8:30	早餐
8:30—9:30	做语文暑假作业
9:30—10:00	休息
10:00—11:00	运动
11:00—12:00	学英语
12:00—12:30	午饭
12:30—14:00	午休
14:00—15:30	上舞蹈课
15:30—16:00	练字
16:00—17:00	做数学暑假作业

续表

惠惠的暑假计划	
时间	事项
17:00—18:00	自由活动
18:00—18:30	晚饭
18:30—19:30	阅读
19:30—20:00	跳绳
20:00—21:00	做英语暑假作业
21:00—21:30	洗澡、睡觉

妈妈一看惠惠制定的这份完整的暑假计划，仿佛滴水不漏，方方面面都已经做好了规划，但妈妈知道这份计划大概率很难执行，一方面没有围绕目标来制定，另一方面没有一点留白的时间。如果照着计划走反而会成为一个上了发条的机器人，有点儿反人性。

但是妈妈没有立马让惠惠更改计划，而是和惠惠说："看来你对自己的暑假生活很有想法，计划了那么多的事项，那我们就先尝试三天，三天后你和妈妈分享你的执行情况，如何？"惠惠此时信心满满，信誓旦旦地同意了。

三天以后，惠惠耷拉着脑袋说："妈妈，我好多没有做到啊！"

第3章 生活环境小改变，养出有爱、和善、能干的娃

"哦？可以和妈妈说说吗？"

"我作业才做了一点，觉得很忙，但很多事情没有完成，比如练字、阅读这些都没做呢。有时是我没按计划进行；有时是小伙伴叫我出去玩，把我的计划打乱了。"

"宝贝，你能发现这些说明你是一个很会反思的人。要知道计划是为人服务的，并不是制定后就不能修改了。如果现在要调整的话，你会怎么调整呢？"

"妈妈，我不想一天花三小时做暑假作业了……"惠惠想了很久，嘟嘟囔囔地说道，仿佛担心被妈妈责备。

"孩子，无论你做什么决定，我都支持你！"妈妈坚定的话语扫去了惠惠的担忧。

"你想知道如果妈妈是你，会在哪里做得不一样吗？"妈妈询问道。

"想！"惠惠马上回答。

"我会先定好这个暑假的目标，然后让计划围绕着这个目标进行。比方说，完成暑假作业是我的其中一个暑假目标，那么我会先看看作业量有多少，要多少天完成，每小时能完成多少，再来定每天要花多少时间在作业上。"

惠惠按妈妈的方法计算了一下，原来每天花45分钟做作业就能够在暑假期间内完成所有作业，根本不需要每天安排3小时！

"是啊!但我们还得要有留白的时间,留给一些突发事件的发生。比如说有朋友约你去玩,或者有些计划外的活动。"

"那我把每天做作业的时间留到1个小时至1个半小时,这样就能弥补因为突发事件而没有完成当天的作业了。"

"惠惠理解能力很强,一下就抓住重点了。还有,想通过跳绳锻炼身体,我会定一个每天要跳的个数,比方说500个,每次跳150个左右,那么就跳三四次就行,我会把它分解到每个休息的间隙来完成,这样在休息期间就又完成了一个任务,并且还锻炼了身体,节约了时间。以上这些做法,你可以都参考着用,或者用其中一种,或者你有别的方法觉得更好的就去用吧。无论你做什么决定,妈妈都支持你。"

惠惠听了妈妈的话后很受启发,结合自己想要实现的暑假目标,重新调整计划。

惠惠调整后的暑假计划	
目标	每日用时
完成暑假作业	60~90分钟
阅读	90分钟
练习舞蹈	90分钟

续表

惠惠调整后的暑假计划	
目标	每日用时
练字	30 分钟
锻炼身体（含跳绳）	60 分钟

惠惠按照调整后的暑假计划算了下，发现除去吃饭、睡觉、洗漱的时间外，自己还有 4.5 小时是自由活动时间，相当于半天了，比原来只安排一天一个小时的自由活动时间充裕多了，而且这个计划清单也简单很多。这样一想，惠惠又不由得浑身充满了干劲。

惠惠执行起这个计划来，发现轻松自在多了，而自由活动时间她也经常用来看课外书。这样一来，不仅超额完成任务，还做了自己喜欢的事情，遇到突发的情况她也有充分的时间去应对，这份掌控感让惠惠越来越专注于当下的事情，也越来越自信。

让孩子自主安排时间，是大多数家长难以放手的一步，总担心孩子不懂怎么安排，或者不能够达到自己的预期，孩子也就难以获得成长的机会。而孩子在成长的过程中，却特别需要家长给予坚定的支持，允许和包容他们做得还不足的地方，在一次又一次的尝试中进一步提升自己的意志力和专注力。

7 "我想请你和我一起读"——创造良好的亲子学习环境

米粒是二年级的学生，妈妈反馈米粒只喜欢看绘本，但凡一本书文字多一点，他都不愿意多看一眼，只想妈妈给他讲。

眼瞅着就快升三年级了，米粒还不会自主阅读，妈妈急得像热锅上的蚂蚁。每每让米粒自己读时，米粒干脆就说："那就不读了！"把妈妈吓得只好又给米粒读故事。

为了让米粒能成功从绘本阅读过渡到章节书的阅读，能够享受到阅读的乐趣，米粒妈妈邀请米粒一起重新布置书房，为书房增添阅读角。米粒一听，果然来了兴趣，和妈妈选购了新的小沙发，铺上喜欢的地毯，放上合适的阅读灯，还在旁边增加了一个小书架，用来摆放近期正在阅读的书。

阅读角布置好后，米粒拉着妈妈读书的时间明显增多了。妈妈趁机拿起一本已经读过的故事书，对米粒说："米粒，今天妈妈想请你和我一起读，可以吗？"米粒一看是自己已经看过的故事，心里没那么抗拒，就点头答应了。

第3章 生活环境小改变，养出有爱、和善、能干的娃

妈妈指着其中一句问米粒："你看这一句，你有哪几个字是认识的啊？"米粒一看轻松地道："简单，这句我全都认识。"看着米粒来了自信，妈妈引导道："那就你读一句，我读一句，如何？"米粒看着熟悉的故事书，便欣然答应下来。

于是，这本书米粒几乎能够把每句话都读下来，遇到个别不认识的字，妈妈鼓励他结合上下文大胆地猜，果然也没有影响他的理解，顺利地和妈妈一起把章节书读了下来。

第二天，妈妈在满足米粒的需求，给米粒读了新的故事后，还是拿出昨晚已经读过的章节书，说："今天还是想你和我一起读，你一句，我一句。"妈妈故意先开始读，这样一来，米粒读的句子正好是昨晚妈妈读过而米粒没有读过的句子，也几乎能够读下来。

读完后，妈妈和米粒说："你发现了吗？你已经会把整本那么多文字的书读下来了！"

米粒一听，才恍然大悟："对啊！昨天我读的和今天我读的加起来就是一本完整的书了！妈妈，原来我可以做到！"

"是啊，事实上你对常用字的积累已经足够了，这样一来，你就能自己打开阅读的世界了！"

在和米粒一人一句共读了一段时间后，米粒越来越自信，妈妈趁着米粒自信心满满的时候，开始引导米粒"你一段、我一段"地读，一开始米粒觉得有些吃力，但因为妈妈的陪伴，也坚持了下来。一段时间后，变成"你一页、我一页"地读，渐渐地，米粒已经能实现自主阅读了。

孩子是环境的产物，当孩子抗拒一件事情时，光是唠叨和责备是无用的，不妨从改变小环境入手，多方面触及，循序渐进地引导，以趣味和成就感作为孩子前进的阶梯，就能够帮助孩子不断地往上走得更高。

8 "你要怎么说我才能听得懂" ——让孩子学会积极沟通，内心更专注

小刚哭丧着脸过来找妈妈，和妈妈说："我……在那个街上……很痛……小狗很可爱……和小狗玩……小狗不可爱了……摔倒了……呜呜呜……"

妈妈听了后，实在是丈二的和尚摸不着头脑，"究竟是小狗摔倒了还是你摔倒了啊？"

"是我！小狗追我，呜呜呜……"

"小狗追你，你摔倒了，对吗？有没有摔到哪里啊？"

"膝盖，有石头，皮破了！呜呜呜……"小刚这才说到重点上，原来是摔了一跤，把膝盖摔破皮了。妈妈赶紧安抚小刚，并为他处理伤口，然后也寻思着：这孩子怎么说半天都说不到重点上，也不知道是不是平时老人带孩子时总是给看小视频，把专注力给破坏了。

有了这一疑虑后，妈妈便开始着重观察小刚的表达方式。

一天晚上，小刚和妈妈说起幼儿园的事，"丽丽拿了

个玩具，我们在小花园，上课了没回到教室，我就想回家了……"

妈妈再次陷入迷茫，小刚是想表达什么呢？"宝贝，想想看，你要怎么说，我能听得懂？比方说我们可以先说什么时间，在什么地方？"

"今天下午，在幼儿园的小花园里。"

"对了，这就很清晰了。来，宝贝，再来说说当时你和谁在一起，在做什么事啊？"

"我和丽丽，还有几个小朋友，我们在玩丽丽带来的玩具。"

"你看，这样说的话，妈妈就听得很明白了！那么接着呢，发生了什么事呢？"

"这是一个会变身的汽车人，可以在草地上直接走，还可以变身！妈妈，我也想要。"

"噢，宝贝是想表达丽丽的这个玩具你很喜欢，也想要一个，对吗？但后面又怎么说到想回家了呢？"

"玩得太久，没回教室上课，老师出来找我们，让我们要在老师叫时回教室。"

"噢，还发生了这件事啊，而且宝贝还知道是因为玩得太久太入迷了，所以没有回教室。那为什么最后你又想回家了呢？"

生活环境小改变,养出有爱、和善、能干的娃

"因为丽丽爸爸来接她,把玩具也带走了,所以我就想回家了。"

"原来是这样啊!妈妈现在听明白了,而且也注意到你准确使用了'因为''所以'这种因果关系的词语。宝贝下次和妈妈说的时候,就可以按照时间、地点、人物、事件来和妈妈说了,并且最后可以加上你的想法和感受。"

妈妈用纸笔画了张表格,大致把小刚的叙述总结归纳了一下:

	厘清表达思路五要素	
1	时间	今天下午
2	地点	幼儿园花园
3	人物	我和丽丽,还有几个朋友
4	事件	我们在玩丽丽带来的玩具,玩具是会变身的汽车人,会在草地上直接走,太好玩。我们玩入迷了,老师叫回教室没听到。后来丽丽爸爸来接丽丽,丽丽把玩具也带回家了
5	想法和感受	我也真想有一个这样的玩具啊!玩具被带走后我有些失落,特别想回家

妈妈让小刚按上面的话重新说一遍,思路就清晰多了。第二天,小刚再谈起幼儿园的事时,妈妈再次用这个模板引导孩子叙述。渐渐地,小刚的叙述和逻辑越来越顺畅了。

事实上，能把话说清楚的孩子需要良好的思维能力，这也是孩子内心专注力的重要体现之一。家长在引导孩子把话说清楚的时候不能操之过急，不能埋怨孩子词不达意，而应该多使用启发式提问，让孩子找到要表达的核心内容，从而在语言表达上更加精准、流畅。

第 4 章

会吃会睡会运动,
专注力培养底气足

1 "我想多吃点炸鸡可以吗"——为什么垃圾食品会影响专注力

简简是三年级的学生,她平时就是公认的"别人家的孩子",爱学习、爱思考,大人们还常说她"听话"。

有一天,学校邀请了有名的健康营养专家给孩子们上了一堂健康饮食及垃圾食品的公开课。专家讲得很有趣,孩子们听得很开心,结束前还给孩子们留了一个思考题:"垃圾食品会影响专注力,让我们的大脑变笨,你知道为什么吗?"孩子们说说笑笑,结着伴就离开了课室。

回家的路上,简简看到有些同学又跟以往一样到小商店买零食吃,心想:"难道他们不怕变笨?"这时候,刚买完菜的奶奶顺路来接简简,简简恰好把那满肚子的疑问倒给奶奶:"奶奶,今天老师说吃垃圾食品会变笨,您觉得对吗?"

奶奶马上回答:"当然对啦,你看老师都说了!我平时就说让你们少吃零食,那些东西都对身体不好,你们不听,特别是你哥哥,一天到晚喝饮料,说了还不听……"

简简特别害怕奶奶唠叨,赶紧又问了一个问题:"那奶奶，您觉得什么是垃圾食品呢？"

奶奶马上又说："那还用问，平时不让你们吃的油炸的、太咸的、太甜的，还有那些快餐食品，都是垃圾食品，这些都不能吃啊，好好地在家吃奶奶做的菜……"

简简又问："那为什么这些食品会让人变笨呢？我看很多同学吃了，他们还是很正常地跟我交流，并没有变笨呀？"

奶奶被问得一愣，马上又说："你说你这孩子，怎么这么多问题。说给你听的都是好话，你照着做就是了，怎么突然变得这么不听话了呢？"

简简一言不发，很郁闷地跟在奶奶后面，巴不得赶紧回到家，离奶奶的唠叨远一点。

妈妈下班后，简简委屈地把发生的事跟妈妈说了一遍，妈妈把手放在简简的头上，抚摸着她的头发，很认真地听她说话。

最后，妈妈说："简简，在这件事上你真的做到了深入思考，奶奶很有可能也不知道答案，所以给了不准确的回答，你想找到准确的答案吗？"

简简迫不及待地点点头，她知道妈妈又要打开"百宝箱"了。果然，妈妈打开电脑，和简简一起来分析如何找到问题的答案："我们的问题是为什么垃圾食品会让人变笨，那么我们就要了解什么是垃圾食品，它们是怎么让人变笨的。变笨的意思是原来是聪明的、反应快的，现在不那么聪明了、反应没那么快了；或者说原来的机能是好的，现在不那么好了，就叫变笨。根据这个分析，那就要了解人体机能，要了解人体机能，就要了解人的身体结构。"妈妈把整个解题逻辑跟简简拆解了一下。简简点了点头，她学会解决问题就是因为妈妈这样一次又一次地把解题过程解释给她听，让她可以模仿。

"现在，我们先来看看身体的几个组成系统。"妈妈对照在网上找到的身体器官构成图片和简简一起分析，"第一个是神经系统，能让我们感受和思考；第二个是循环系统，让血液流到身体的各个部位；第三个是肌肉骨骼系统，让我们可以活动起来，给我们力量；第四个是消化系统，帮我们吸收营养，提供能量，让身体的其他系统正常工作。"

让简简看了一会儿后，妈妈问道："简简，你说说看，大脑应该属于什么系统呢？"

简简被这些图片吸引住了，"原来我们的身体是这样啊！大脑，我看看，只有神经系统这张图是完全连接大脑的，我觉得大脑应该属于神经系统。"简简指着神经系统的那张图说。

"是的,大脑属于神经系统,它是一个特别重要的器官,它和其他器官互相配合,就能让我们做很多有趣的事情了,像爬山、唱歌、打球和思考。那么大脑的运作需要能量,就像车要能开动需要加油一样。来,现在想一想,如果我们在车的油箱里加的不是油,而是污水,你觉得车能不能开动?"

简简说:"当然不能啦!"

"对啦,那同样的道理,我们给大脑提供的不是它要的能量,而是它不需要的东西,甚至是损害它的东西,那是不是就像给车加污水一样?"

"对!"

"来,看这个资料,大脑需要的营养包括葡萄糖、维生素B、蛋白质、微量元素。再看看这个清单,像饼干、罐头会破坏维生素,就意味着不但没有提供大脑需要的营养,还起到破坏作用。腌制食品、方便食品、烧烤食品会加重消化系统的负担,就意味着消化系统不能给大脑运送足够的营养物质,也就意味着能量不足了,时间久了,反应也相应变慢了,本来1秒钟能处理10万个信息元,现在只能处理5万个信息元,是不是效率就低了?"

"对!"

"所以变笨,不意味着傻了,不意味着完全不能沟通

会吃会睡会运动，专注力培养底气足

和交流了，而是意味着本来能在一个时间单元里做10件事，现在只能做5件了；或者本来能够解更高难度的题，现在解不出来了，都是因为能量不足，大脑思考不了那么多深层次的问题了。"

简简点点头，她觉得自己对问题的理解和拆解更深一层了，她特别期待下次再跟妈妈一起讨论深刻的问题。

家长思考题

1. 你的孩子如何看待垃圾食品，你自己呢？

2. 用"垃圾食品对专注力有何影响"这个话题和孩子展开讨论，看看你和孩子会有什么收获。

"为啥总让我多吃绿叶菜"——健康食物怎么吃能提升专注力

简简上次跟妈妈讨论了垃圾食品对大脑的影响之后，对食物与身体的话题产生了浓厚的兴趣，这天她又在翻健康食物的资料，也发现了很多关于大脑营养的信息。简简看了好一会儿，发现了一个比较权威的信息来源，内容如下：

美国儿科学会（AAP）2018年最新政策指出：对于生命最初的1 000天来说，在三大供能营养素摄入充足及比例均衡的前提下，有11种"大脑构建营养素"（brain-building nutrients）对于孩子脑发育尤为关键。

蛋白质——动物来源：蛋、奶、禽畜肉、鱼、虾、贝、蟹等；植物来源：大豆及豆制品，其他豆类、粮谷类、种子类等。

锌——海产品（特别是带壳海产品），如牡蛎、干贝、瑶柱等；坚果类食物，如核桃、杏仁等；动物内脏；小麦胚芽等。

铁——动物来源的铁的含量和吸收率都很高，首选动物肝脏,然后是红肉,接下来是禽肉和鱼虾类;植物来源的铁吸收率相对低一些,但也是有帮助的,比如坚果类、绿叶蔬菜、木耳、红豆等。

碘——海产类食物都是含碘丰富的,如海带、紫菜、虾皮、海鱼、海虾等。另外,碘强化食盐是我国居民膳食碘的重要来源,建议高碘食物摄入不足的内陆地区家庭选择含碘盐作为烹调用盐。

胆碱——动物肝脏、瘦肉、蛋类、花生、大豆卵磷脂、小麦胚芽等,都含丰富的胆碱。

叶酸——动物肝脏、各种绿色蔬菜、黄豆、全谷类、干豆类、核桃等。

长链多不饱和脂肪酸——这里主要指的是DHA和ARA,它们主要来自低汞的富脂鱼虾贝类,特别是富脂海水鱼,比如三文鱼、鳗鱼、银鱼、黄鱼、秋刀鱼等。另外,松子、核桃、芝麻、花生等坚果种子中的不饱和脂肪酸也能一小部分转化成DHA和ARA,但是转化率较低,所以首选动物来源。

维生素A——哺乳动物及咸水鱼的肝脏为主要来源,也可以通过鱼肝油制剂补充。另外,红黄绿色果蔬中富含的β-胡萝卜素,在人体内可以部分转化成维生素A,也是维生素A的重要获取途径。

维生素 D——通过日光照射皮肤转化为主要来源，次要来源是食物，如鱼类、蛋类、强化食品（强化了维生素 D 的食品）等。鱼肝油制剂是维生素 D 的另一重要补充途径。

维生素 B6——含维生素 B6 丰富的食物包括酵母菌、动物肝脏、鱼蛋肉类、全谷、豆类及花生等。

维生素 B12——广泛存在于各种动物性食物中，如动物肝脏、动物肉、蛋类、鱼虾类、奶类等。

"哇，这么多都是大脑需要的营养啊？！"简简惊叹道，"妈妈，这么多食物，要怎么才能吃得完啊，我看完都记不住啊。"

妈妈摸了摸简简的脑袋："这是个好问题啊，我们知道了需要什么食物，还要知道需要多少量，如何搭配，才真的能够让这份营养成分表为我们所用。"

说着妈妈又展开一张图——中国居民平衡膳食宝塔，简简指着图上的字读了出来。

"你在这张图上看到了什么？"妈妈问简简。

"有各种食物，还有各种食物的量。"简简说。

"嗯，你能不能根据这张宝塔图，去找找我们家冰箱里现在有多少食物是满足这张图的，然后把数量称出来，看看有多少？"

	盐	<5克
	油	25~30克
	奶及奶制品	300~500克
	大豆及坚果类	25~35克
	动物性食物	
	每周至少2次水产品	
	每天一个鸡蛋	120~200克
	蔬菜类	300~500克
	水果类	200~350克
	谷类	200~300克
	全谷物和杂豆	50~150克
	薯类	50~100克
	水	1 500~1 700毫升

中国居民平衡膳食宝塔（2022）

简简想起烘焙用的电子小称，一下来了兴趣，跑到厨房忙活起来。

"哇，妈妈，一个人一天要喝1 500毫升的水，就是我杯子的10杯，我一天要喝10杯水。妈妈，你的杯子可以装300毫升，你需要喝5杯。"

"这个苹果好大，已经400克了！妈妈，如果我今天吃苹果，只能吃这个的一半，还能留点量吃西瓜。"

妈妈笑着说："你已经有很强的量的概念了，还给自己安排得很好。那你现在看看，如果我们今天吃鱼，5个人吃，要买多少量呢？"

"5个人，一人是200克，那就是1 000克，2斤的鱼。"

"对，通常我们买一条鱼就差不多这个量。你再看看大脑营养信息表，如果今天我们吃鱼的目的是摄入长链多不饱和脂肪酸，有几种选择？"

简简找了找，"有5种，三文鱼、鳗鱼、银鱼、黄鱼、秋刀鱼都可以。"

"嗯，这些都是我们常见的食材，你吃过香煎三文鱼、鳗鱼饭、银鱼蒸蛋……对了，刚才我们说要吃两斤鱼，如果是银鱼蒸蛋，加入两斤银鱼会是什么样子？我们家有银鱼干，你要不要试试？"

简简跑过去把银鱼称上，"两斤这么多啊！装不下啊，蒸不了蛋了！"简简惊呼起来。

"那这个事，你会怎么解决？"妈妈出了一个考题。

简简又去翻了翻那张图，过了一会儿，她说："这个简单，银鱼不用一次做两斤，还可以做其他的肉菜，只要满足每人200克的量就可以了。"

妈妈满意地笑了："看来你已经学会了抓住问题的本质，学会了解决问题。那我们根据这两张图搭配今天的菜谱怎么样?"

简简一听,兴致勃勃地干了起来。

家长思考题

1. 关于健康食物,你希望孩子关注什么?

2. 试试看如何引导孩子一起来做满足大脑营养的膳食搭配?

3 "晚上不想睡，早上不想起"
——让孩子学会睡觉很重要

吃饭、睡觉对人来说是生存的基本需要。对于小孩来说，这种本能体现得淋漓尽致，婴幼儿只要感觉到饿就会用哭来表达，并且无法控制，哪怕成人一再地劝慰"等一会儿，等一会儿"都无济于事，除非食物到嘴里，让饥饿感消除，否则哭不会停止；睡眠也是同样，只要他感觉到困，哪怕你腾不出手，哪怕你多次跟他讲道理："回到家就可以睡了，可以好好睡，现在妈妈抱不动你。"哪怕他已经五六岁能听懂道理了，但是他依然控制不住自己，身体能歪在哪儿就歪在哪儿，只管睡过去。这就是人生理上的自然需求。

等到年岁渐长，孩子对自己的身体控制能力增强，再加上慢慢具备的社会性让他学会了控制本能。饿了可以忍一忍，困了可以坚持一下，以满足共同社会生活的需要，比如上课、开会、工作等。

正是因为人能够在一定范围内控制自己的本能，也造成了相当多的问题——过度地节食、睡眠过度缺乏引发严重的健康问题。譬如孩子们睡眠缺乏导致专注力缺失、脑功能紊乱，造成记忆障碍，引起反应缓慢、警觉性降低等问题。

所以，既然我们可以在一定范围内控制睡觉本能，那么学会如何睡觉，让睡觉帮助我们更好地生活就变成相当重要的事情。

一明上三年级了，他经常晚上十一二点还没睡觉，有时是因为作业没完成，有时是因为妈妈收拾到很晚，没顾得上管他，想起来的时候已经又11点了。结果就是一明常常精神不振，上课不专心或者干脆打瞌睡，老师多次跟妈妈反映这个问题，一明妈妈也跟一明明确了睡觉时间。实行了一段时间之后，仍然是老样子，睡觉的问题就这样延续成了一个顽疾。

有一天，妈妈参加了家长课堂的学习，听了很多其他家长的案例，下决心一定要解决一明的睡觉问题，妈妈用了老师课堂上给的睡觉惯例表的方法，结果很快败下阵来。第二次课的时候，妈妈告诉老师："他说睡不着，到了睡觉时间他是躺下了，可是一会儿起来喝水，一会儿起来上厕所，还会跟我聊天，最后还是要搞到十一二点才睡着。"

老师跟妈妈详细了解了一明的特点和喜好，于是就有了一次老师跟一明的交流。

"一明，听说你很喜欢做实验？你能跟我说说你都做过哪些实验吗？"

一明第一次跟妈妈的老师通电话，他很认真地回答："做过物理实验和化学实验。"

"哦，那一定很有趣，你都做过什么样的物理实验和化学实验呢？"

"会跳舞蹈的牙签、自制彩虹、颜色变魔术……"一明一口气说了十几个名称。

"看得出来，你真的有很多积累啊，能记住那么多，一定是特别特别喜欢实验了。我听到这些实验基本上都是观察马上就发生的现象，你有没有耐心趁着暑假来做一个不能马上看到实验结果，需要做十天的生物实验？"

"什么实验要做十天？"显然没有接触过生物实验的一明被吸引住了。

"那么你是愿意接受挑战喽？那我还要告诉你一个更大的挑战，这个实验对象不是小白鼠，也不是小青蛙，而是你自己，你敢吗？"

会吃会睡会运动，专注力培养底气足

"当然敢！"一明果然兴趣更大了。

"好吧，看来你是个勇敢的小男生，我把实验的要求和表格交给你妈妈了，这个实验需要比较多的记录，跟你以往的实验都不一样，没有问题吧？"

"没问题！"担心失去参加实验机会的一明拍着胸脯保证。

"好啊，从今晚开始，你要记得每天跟老师汇报一下记录结果哦。"

计数/天	实验要求	妈妈的实验记录	孩子的实验记录	你的想法
第一天	1. 晚上12点睡（无论是否睡着，一定要闭眼躺下，第二天记录睡着前发生的情况） 2. 第二天早上6点半起来背指定的古诗词	1. 和平时一样入睡很快 2. 叫不起来，叫了两次发脾气，并且一直不精神	1. 和平时没有区别 2. 好困啊，为什么要起床？妈妈好烦啊	

第二天，一明接到老师电话的时候，他有点不解："老师，这就是平时的样子啊，这是什么实验啊？"

老师笑了笑，说："记得我们实验的要求吗？要有耐心，记住今天的感觉就可以了。今晚的实验要求已经发给妈妈了，你记得去看。"

计数/天	实验要求	妈妈的实验记录	孩子的实验记录	你的想法
第二天	1. 晚上11点睡（无论是否睡着，一定要闭眼躺下，第二天记录睡着前发生的情况） 2. 第二天早上6点半起来背指定的古诗词	1. 和平时一样入睡很快 2. 叫不起来，还发脾气，并且一直不精神	1. 和平时没有区别 2. 好困啊，妈妈总是打扰我	

一明照昨天的样子，给老师做反馈："今天记录的内容跟昨天没有什么区别啊，实验有效吗？"

老师又笑了笑："水滴石穿，你听说过吧？石一定不会在第一、第二滴水的时候就穿了，你能等到第几滴水呢？如果你答应了老师，一定要照着老师的要求做哦。我相信你会是信守承诺的人。"

一明不说话，心想，试试就试试，不就还有8天嘛。于是他又看了老师第三天的要求，并照着做了记录。

会吃会睡会运动，专注力培养底气足 第4章

计数/天	实验要求	妈妈的实验记录	孩子的实验记录	你的想法
第三天	1. 晚上10点睡（无论是否睡着，一定要闭眼躺下，第二天记录睡着前发生的情况） 2. 第二天早上6点半起来背指定的古诗词	1. 磨蹭到10点半左右才睡 2. 叫了会起，还是有起床气	1. 妈妈一直催我睡觉，很烦啊，我还不想睡 2. 还是困，真希望没有人打扰	

一明照常跟老师通话，这次一明还未说话，老师先问："从记录来看，你昨天晚上并没有满足实验的条件上哦。"

"我不想睡。"一明老老实实地回答。

"我知道你不想睡，不过呀，这10天里，你的睡觉不是睡觉，是实验，对吧？做实验如果不满足条件，那么实验还是这个实验吗？想想看，你在自制彩虹时，实验要求是把镜子放在太阳直射的位置，你说我不想，我要放到斜射的位置或者放到阳光照不到的地方，那么彩虹会出现吗？"

一明被老师幽默放松的语气逗笑了："对，不满足实

125

验条件就得不到实验结果。"

"嗯,没关系,昨天晚上的实验相当于我们做了一次有失误的实验,今晚你想怎么满足实验条件呢?"老师问。

"早一点上床。"一明说。

"嗯,现在是暑假,如果有一些学习任务或者打卡没完成,看看是不是可以调整一下,第二天加紧完成,先满足实验条件,如何?"老师帮一明解决了一些实际问题之后就把当天的实验要求发给了他。一明决定好好记录一下。

计数/天	实验要求	妈妈的实验记录	孩子的实验记录	你的想法
第四天	1. 晚上10点睡(无论是否睡着,一定要闭眼躺下,第二天记录睡着前发生的情况) 2. 第二天早上6点半起来背指定的古诗词	1. 9点50分躺在床上,很快睡着了 2. 叫了会起,背了古诗词	1. 我是怎么睡着的,我也不知道 2. 妈妈叫我的时候,我一下就清醒了	

一明提早了一点给老师反馈:"今天上午我把作业都

会吃会睡会运动，专注力培养底气足

做完了，古诗词也很快背完了。"

老师说："你喜欢这种感觉吗？"

一明说："喜欢。"

老师问他："你还想不想再多尝试一点？"

得到肯定答复之后，老师又把新要求给了一明。

很快，10天过去了，老师问一明，在这个实验中他学到了什么。一明说："早点睡就能早点起，早点起床能很快完成作业，还有很多时间可以玩。"

很多时候，不是孩子做不到，是家长没有训练孩子做到，或者说家长不知道如何训练孩子做到。用一点耐心和方法，让孩子早睡，体验在睡眠充足的情况下，学习状态的不同，有了亲身感受之后，他会喜欢这种成就感。只要他想拥有这种成就感，那么早睡早起保证睡眠质量就是顺理成章的事，结果就是专注力更强、效率更高。

4 "无聊时就想刷短视频"——会玩，是提升专注力的一大利器

有一段时间，二年级的梓蒙迷上了手机，喜欢刷短视频，妈妈跟他聊了几次，梓蒙表示不会影响学习。妈妈还跟梓蒙做了使用手机的约定，几天之后，妈妈发现梓蒙严重违反约定，玩手机的时间超长，妈妈很生气，便没收了梓蒙的手机。

忙于工作的妈妈，以为问题已经解决了，就没再管这件事。直到有一天，老师打来电话，说梓蒙这段时间上课很不专心，坐立不安，老师特别留心他，结果发现他把奶奶的手机偷偷带到学校，老师让妈妈好好跟梓蒙沟通一下。

妈妈听完老师的话，火冒三丈，如果梓蒙正好在跟前，估计被狠狠收拾一顿是逃不掉的。无心工作的妈妈想了半天，不得要领，求助了自己的家庭教育老师。老师详细地听完整个过程，给了梓蒙妈妈详细的解决办法，妈妈准备回家好好试试。

回到家，妈妈主动邀请梓蒙玩游戏，本来以为会挨

妈妈收拾的梓蒙高兴坏了，他从小就喜欢妈妈陪着玩，可是好一段时间了，妈妈工作都很忙，别说陪他玩了，有时回家都见不到妈妈。现在妈妈又陪自己玩了，梓蒙喜出望外，马上把五子棋摆出来，这是他最喜欢跟妈妈玩的游戏。梓蒙使出浑身解数，和以往一样，还是有输有赢，就在梓蒙准备开第 10 局的时候，妈妈问了一个问题："梓蒙，咱们已经玩了快 10 局了，你累吗？"

"不累啊，太好玩了！"梓蒙兴致勃勃地说。

"好，再玩一局，咱们就先停，妈妈工作，你做作业，怎么样？"

梓蒙有点舍不得，想想妈妈还在这儿陪他，就点点头同意了。然后梓蒙和妈妈迅速完成了当天的工作和学习，早早睡觉了。

第二天，妈妈又加班了，梓蒙很无聊，又偷偷玩了奶奶的手机。等妈妈很晚回来的时候，梓蒙才睡觉，第二天无精打采地上学去了。

晚上，梓蒙回家，意外地发现妈妈又早早回家了，他开心地嚷道："妈妈，你是不是回来陪我玩的？咱们现在开始下棋？"

妈妈说："好！"

梓蒙和妈妈玩到第 5 盘的时候，妈妈停了下来："梓蒙，你困了？妈妈看你一直在揉眼睛。"

梓蒙有点心虚，连忙说："没有，妈妈我还想玩。"

"我们还可以玩，妈妈会陪你玩，我先问你一个问题，你有没有在公园里见过一群人下棋？"

"见过啊。"梓蒙一听妈妈没有说他的意思，回答得又快又响亮。

"嗯，下棋，都是两个人下，那为什么会有一群人呢？"

"还有观棋的，他们在旁边看。"

"嗯，那下棋的人和观棋的人有什么不同？"

梓蒙想了好一会儿，不知道怎么回答。

妈妈又问："那如果现在是爸爸和妈妈下五子棋，你一直在旁边看，看5局，你有什么感觉？"

梓蒙说："我也想玩，我不想看着。"

"为什么？"

"看别人多无聊，又不能自己动手，我想自己玩。"

"嗯，这是一种体验。那看下棋和看小视频有什么不同？"

"小视频很有趣，一个接一个很好玩。看下棋，不动的时候不好玩。"

"看来动和不动很重要，现在想想看，你昨天看完小

会吃会睡会运动，专注力培养底气足

视频之后，你收获了什么？"

梓蒙想了好久，没有说话，他脑子里有很多画面，可是很乱，说不出来一个完整的东西。

妈妈说："前天晚上妈妈跟你下完棋，做完作业，早早睡觉，你有没有一种踏实的满足感？"

梓蒙说："有。"

"那昨天晚上看了一整晚小视频，很晚睡，感觉一样吗？"

梓蒙摇摇头。

"是不是很疲惫？心里还有点紧张，还有点害怕和心虚？"妈妈接着问。

梓蒙想想，确实如此。

"那么哪一种感觉让你觉得更安全，更舒服？"

梓蒙小声地说："下棋的感觉。"

妈妈摸摸梓蒙的头，轻轻地说："同样都是玩，一种叫'会玩'，会玩就是动脑筋地玩，在玩的过程中得到乐趣，能够去了解规则、运用规则甚至于创建规则；还有一种叫'傻玩'，傻玩就是不动脑筋地玩，纯粹地消磨时间，把时间混掉，没有东西留下。"

然后妈妈拿起手机："当然玩什么不重要，重要的是怎么玩，看小视频也有'会玩'和'傻玩'的区别。"

妈妈带着梓蒙看了5个他喜欢的跟军事、国防相关的小视频，然后妈妈和梓蒙讨论了最新式的战机，讲到梓蒙的理想——像爸爸一样当一名光荣的人民解放军。

梓蒙后来又跟妈妈看了很多次的小视频，他深刻地体会到，在一个固定时间内去有目的地研究和运用规则，就能让自己有很多收获，而且专心起来什么都不记得了。妈妈说梓蒙的记忆能力、理解能力、运用能力、举一反三的能力都增强了很多。

家长思考题

1. 你对孩子玩手机、看视频的看法是什么？你会利用孩子的好奇心去发展他的学习能力，还是会直接制止他玩手机、看视频？

2. 你知道在五子棋的基础上，人们还发明了六子棋吗？带孩子去看看五子棋和六子棋的规则，看看孩子有什么收获。

5 "妈妈，我们一起锻炼吧"——运动本身就在训练专注力

四年级的明杰很喜欢跟爸爸一起运动，爸爸跑步、打球、游泳都带着明杰。小时候明杰只觉得好玩，不仅能出去蹦蹦跳跳，还能常常跟一群叔叔玩，真是让人愉快的事。慢慢大了，爸爸给明杰增加了运动量，明杰有时觉得很累，不想动了，爸爸常常用"运动才能增强你的专注力，避免上课不专心"这样的话来鼓励明杰。

有一天去游泳的时候，爸爸让明杰游8个来回，明杰又不想动了，爸爸刚说："运动可以增强我们的专注力……"明杰马上提出问题："运动为什么能增强专注力？"爸爸说："科学研究证明啊。"正在经历所谓"杠"的年纪的明杰紧接着又问："科学是怎么证明的？"爸爸没有说话，默默地游泳去了。

回到家，爸爸和妈妈翻了一些资料，在他们的公共学习时间，爸爸做了一个小分享：为什么运动能让大脑更专注？

爸爸先展示了一幅关于大脑的结构图，并指着图片

说:"来自纽约大学神经科学中心的神经科学与心理学系教授温迪·铃木博士最大的研究兴趣就是探索大脑的可塑性,了解有氧运动如何改善人类的学习、记忆,以及提升人类的认知能力。大脑有很多功能区,今天涉及两个关键区域。第一个是'前额叶皮质',就在你的额头后面,对决策、专注乃至你的人格来说都很重要。第二个关键区域位在'颞叶'。你的大脑中有两个颞叶,一右一左,颞叶的深处是个关键的结构,重要功能是让你能够针对事实和事件来形成并维持新的长期记忆。那个结构就叫作'海马回'。

"温迪·铃木博士的研究充分证明为什么运动能改变大脑,让大脑注意力更集中,有三个很重要的原因。我不打算念文献了,我用最简单的话来解释。

"第一个原因:运动对你的大脑有即时的效应。也就是说海马回在运动中,确实能制造出全新的脑细胞,海马回中新的脑细胞能增加容积,还能改善你的长期记忆。对你我都是如此。

"第二个原因:长期运动会让大脑中海马回的容量增加,改善注意力功能。

"第三个原因:运动能带来最大的转变,就是对大脑

会吃会睡会运动，专注力培养底气足

产生保护效应。可以把大脑想成肌肉，你运动得越多，你的海马回和前额叶皮质就会更大、更强壮，注意力就会更好。"

爸爸顿了顿，继续讲道："那么问题来了，你觉得是不是只要一运动就能得到这些改变呢？"

"不会，肯定有一个量，过多过少都不合适。"经常跟爸爸妈妈讨论问题的明杰深谙此道。

"说得没错，只要讨论到引起变化的问题都要考虑量。那我们一起来看一下，温迪·铃木博士建议的量是多少？"

"温迪·铃木博士的经验法则是，每周要运动三到四次，每次运动至少要有三十分钟，且你需要做一些有氧运动，就是让心跳加快的运动。而且她还建议没有必要去健身房付很贵的会费。只需你健走的时候，再额外多走一个街区。或者如果你看见有楼梯可走，在自己能力范围内走楼梯，不乘电梯。"明杰把PPT上的文字读了出来。

"嗯，那么适合我们的运动方式都有哪些？这里有一些资料。"

明杰一看，好多运动呢。

有效提升专注力的运动		
1	游泳	游泳是一个全身性的运动，不仅可以促进四肢协调，平衡运动的发展，锻炼专注力，克服畏难情绪，战胜困难，还能在学到游泳技能后获得满满的成就感
2	武术	在学习武术的过程中，需要根据指导，一步步掌握不同的姿势、动作和技巧，从而很少有分心的余地
3	小球类运动	包括网球、羽毛球、乒乓球等，能增强心肺功能、四肢协调性，还能提升专注力。同时，眼睛因为需要盯着上下翻飞的小球，而不停地上下左右运动，能改善眼睛睫状肌的紧张状态，对改善近视也很有帮助。而且，打球时需要很用力地拍打，能释放被禁锢了一天的能量，改善及舒缓平时积累下来的疲惫、倦怠、愤怒或挫败的不良情绪
4	体操	体操能促进肢体运动的感受性，比如走平衡木、蹦跳、控球等，可以促进感统能力发展，对提升专注力是很有帮助的，还可以增强身体的核心力量和平衡感，以及肌肉感知力
5	拳击	拳击运动是手脑并重、全身活动的运动项目。练习拳击或参加拳击比赛时，人一直都在不停地运动；而且拳手所采取的每一个行动都是在大脑缜密地、快速地考虑之后做出的，所以这对人体的运动器官和大脑的分析反应都有极高的要求，使人体的运动器官和大脑得到充分的锻炼
6	射箭	可以锻炼专注力、观察力，缓解视力疲劳，增强自我约束能力，矫正身姿；还可以提高神经系统对肌肉的控制能力：具体表现在对肌肉的反应速度、准确性和动作的协调性都有提高

续表

		有效提升专注力的运动
7	跳绳	跳绳能很好地协调身体,对专注力、心肺功能、情绪培养也很有益处,还能促进长个子
8	攀岩	攀岩能增强身体的柔软度、协调度和平衡度;需要手脚负荷自身重量,有助于身体平衡发展,增强体力;往上攀登的意念可增强专注力、进取心、意志力、荣誉感及自我超越的决心;不畏艰险,勇攀高峰,可增强自信心

明杰翻着资料,心想,太好了,下次小组讨论会可以跟自己的组员好好讨论,连如何分工都想好了。

家长思考题

1. 你常带孩子做什么运动?你对运动的好处有什么新的看法和想法吗?

2. 如果孩子不喜欢运动,文中的哪些信息能够给你提供帮助?你会如何运用文中的信息及沟通方法?

6 "足球高手的秘诀"——将运动中掌握的技能复刻到学习中

明皓是学校足球队的小运动员，他的水平很好，从二年级开始就在校队参加训练。现在五年级了，他的足球能力在学校是数一数二的。其实明皓的学习本来不差，只是上学期参加了省里的集训，回来之后，成绩就落下了。

数学老师专门给明皓开了小灶，但是效果并不明显，感觉明皓的状态跟这段时间的课堂表现很类似，总有点心不在焉，不能专注的样子，看来不是因为上大课跟不上进度的问题了。老师在跟明皓谈心的时候，发现明皓的作息并没有问题，基础也没有问题，但是明皓话里话外的意思就是落下的功课很难补，参加集训的学长都有同样的经历，很累但是收效并不大。

老师找到了问题的症结——明皓是在思想上给自己设限了，他一直在告诉自己，学习这件事自己已经无能为力了。老师并没有反驳明皓，也没有做过多的劝说，只是给明皓留了几道题，让他回家思考，就放学了。

第二天，数学老师来请教明皓："我家的小弟弟对足球也相当感兴趣，我跟他说了你是省集训队队员，他说他想问问你，他对几个足球动作的理解对不对。"老师递给明皓一张小纸条，上面的字很稚嫩，但是一行一行写得很清晰：

"明皓哥哥，你好。

我妈妈说你是足球高手，我很崇拜你，我们老师说了几个足球的动作，你看看我写得对不对：

运球：把球控制在脚边。

停球：轻轻地让球慢下来。

传球：紧紧盯着球不放松。

脚背踢球：用脚背把球踢出去。

凌空传球：在球落地前把它踢出去。

头球：用头把球顶出去。"

明皓看着手里的小纸条，眼睛变得亮晶晶的，这是他的强项，被人请教他拿手的事，那比吃冰淇淋还痛快。明皓细细地跟老师说着每个动作的要领："停球，根据身体部位来分，总共有七种，脚掌停球、脚弓停球、外脚背停球、正脚背停球、大腿停球、胸部停球和头部停球；如果根据形态来分……"明皓一边说还一边做着动作示范，他看到老师在录视频，做得更认真了，务求动作标准和漂亮。

老师又问了一个问题:"那么一个球来了,你是怎么知道你要用哪个动作呢?"

"那就要判断了,根据场上的队友和对方球员的站位,选择用什么方法打进这个球,这是战术的问题。"

老师拍完明皓的讲解视频,状似不经意地顺口问道:"昨天布置的题目做完了吗?"明皓的眼神暗了一下,似乎刚才那周身的光芒都收了。老师笑了笑,说:"其实刚才你已经在给我列解题步骤了。"明皓不解地看着老师。

老师说:"来,我们先讲三个公式。"老师把三个公式写在黑板上:

"一类知识点=一组动作要领"

"一道题=一个来球"

"一次考试=一场比赛"

明皓认真看着三个公式,似懂非懂。老师拍拍他继续说:"你看,刚才你说球来的时候要先判断,就跟这里摆着一道题一样,要先做分析,判断什么就分析什么:判断队友和对方球员的站位,就是分析题目里的条件;哪个队友站位有利或者要避开对方哪个球员,就是要抓住有用条件,筛掉干扰条件。那讲战术呢,就是选好解题方法。"轮到明皓被老师的讲解吸引了,他认真地看着老师拆解。

"如果我们已经拆解了这个来球,知道要怎么去组织了,结果发现传球不到位,做出来的动作和我们想象的不一样,那就是动作要领没掌握或者熟练程度不够,那就要练动作,这个动作就是知识点。知道了解题方法,发现有不理解或者不能应用的知识点,那就是知识点没掌握好,就要把这类知识点像练习动作一样去练习和熟悉它。"明皓觉得老师简直说到心里去了,踢球就是这个情况,他不知不觉就跟着老师走进了题目里。

然后老师给了明皓一叠资料:"谢谢你今天对踢球动作要领的讲解,那么我也回赠你相似的礼物——这些都是四五年级的知识点,你一一对应,看看哪些没有掌握,就跟练习动作要领一样去训练。"明皓把资料拿在手里,是一种熟悉的感觉,就像教练交代要练习的动作要领一样,明皓已经想好要怎么安排练习了,而且他完全没有意识到他已经专注在这件事上超过了两节课的时间。

"最后一个问题,关于'一次考试=一场比赛'这个公式,我猜你也有自己的想法了,对吗?下周三的时候,我想请你给班级的同学做一次类比拆解,怎么样?"明皓点点头,欣然接受了这个任务。

很多技能,特别是运动项目的训练都需要专注力,只要孩子有过这样的体验或者经验，完全可以带着他一起拆解，并进行类比，1∶1复刻到学科学习上，孩子把熟悉的感觉迁移到学习上，自然就克服了因为陌生感带来的畏难情绪。

> **家长思考题**
>
> 1. 你的孩子有过哪项技能的学习经验？他是如何获得技能的？
> 2. 你会如何运用文中的方法帮助孩子在学科学习上增强专注力？

7 "哇,我现在能坐得住啦"——腹式呼吸法,打下专注的基础

世楷已经上二年级了,可是常常坐不住,上课老师要提醒很多很多次,但他仍然是一会儿转头跟后排的同学说句话,一会儿到地上捡支笔,一会儿翻翻抽屉,小动作不断。各科老师都反映了这个情况,世楷妈妈还带他去医院做过检查,医生说发育良好,并没有发现异常之处。

后来妈妈带着世楷拜访了自己的家庭教育老师,老师一看到世楷就笑眯眯地跟他打招呼:"世楷,看得出来你是个机灵的小伙子啊,碰到什么难题了?"

世楷看着老师亲切的笑容,一下就放松了下来:"大人们都说我屁股底下有钉子,可是我不是故意的,我并不想这样,我是真管不住自己。"

老师认真地说:"嗯,那是因为你还没有学会让大脑跟身体对话。我们的大脑和身体是一对好朋友,它们常常对话的,你知道吗?"

世楷好奇地看着老师,下意识地摸摸自己的头。

老师笑着说:"你一定听过他们的对话,我举例子给

你听,也许你就想起来了。你有没有过放学回家晚了的时候,肚子饿得咕咕叫,就是你的肚子在跟你的大脑说话,它说:'大哥,饿了,赶紧给点吃的吧'。"

世楷想到放学的那个场景,忍不住微微地笑了起来。

老师接着说:"晚上睡觉的时候,妈妈说'该睡觉了',虽然你还不觉得困,但是大脑听到了妈妈的指令,让你的身体做出反应,其实这时候你的大脑就在跟你的身体说'躺到床上去'。"

世楷不由得点点头。

"可是,在你这个年纪,大脑还不够强大,它的话,身体有时听有时不听,所以你哪怕躺到了床上,但还是会翻来覆去,对不对?"

世楷没少因为这个原因挨批评,他不由得轻轻叹了口气。

老师接着说:"那么你现在想不想让大脑变得强壮一点,能够真正地指挥身体?"

"想啊!"世楷太希望这样了,那是不是大人就不会再说他屁股长钉子了呢?

"来,你现在把呼吸放得重一点,让自己感觉到自己的呼吸过程,告诉我你的感受是什么?"

世楷做了一个深呼吸,他告诉老师气流从他的喉咙到达胸口了。

"对，这是我们常用的一种呼吸方法，叫胸式呼吸，空气在我们的胸腔进出，如果不是刻意做深呼吸的话，我们不会感觉到呼吸的存在。老师今天教你另一种呼吸方法，叫腹式呼吸法，能够让你的大脑和身体有意识地连接。"

"腹式呼吸法！肚子会呼吸？"世楷好奇地问。

老师又笑了："是一种深呼吸的方法。来，你先把双手放在肚子正上方，就是肚脐眼上方的位置。"

世楷有模有样地做起来，他觉得自己的样子就像爷爷睡觉的时候把手叠在肚子上。

"现在，你深深吸一口气，提起肩膀，再慢慢呼出去。呼的时候，让你小肚子瘪下去像要贴到后背一样。"

世楷一开始没办法做到，呼的时候小肚子就鼓起来了，吸的时候小肚子就瘪下去。老师就让他刻意盯着小肚子，什么也别想，先吸气，呼气的时候瘪肚子。

世楷盯着小肚子，认真地做了几次，终于在呼气的时候小肚子瘪了下去，肚子变得越来越薄。

"保持住，来，吸气，吸进来很多'强大'，很多'强大'；呼气，把'管不住'呼出去，呼出去。"

世楷感到自己的大脑随着呼吸越来越强大，越来越有力，越来越舒服，变成了无所不能的样子。

他跟着老师持续练习,觉得这一天在老师的工作室过得愉快极了。

世楷后来又去了几次老师的工作室,老师在世楷熟练掌握腹式呼吸之后又教了他"想象法":"现在,想象你在汉字森林里,你轻快地走在林间小道上,每个汉字都伸出手,跟你轻轻打招呼,每个汉字都是你的好朋友,他们是那么喜欢你这个朋友。你又机灵又勇敢,你特别喜欢在汉字森林里交朋友,一个个新朋友都变成了老朋友,你也喜欢他们,你们相亲相爱。"

世楷一边练习着呼吸,一边津津有味地听着老师轻柔的声音,他很享受和一群朋友在一起的感觉。

现在在课堂上,世楷也能安安静静地坐着了,他一边感受着小肚子的起起伏伏,一边认真地跟着老师去交更多的新朋友。

小知识

腹式呼吸怎么练习?

腹式呼吸分为自然呼吸和深呼吸,自然呼吸很简单,就是呼吸时自然放松就可以了。

吸气：

平躺或者找一个舒适的姿势坐好，一只手自然下垂放在腿上，另一只手放在腹部肚脐位置，全身放松，自然呼吸三次，然后吸气，感觉腹部最大限度地向外扩展，把腹部鼓起，身体其他位置保持不动。

呼气：

腹部自然凹进肚子，向脊柱方向收，保持身体不动，最大限度地收腹，反复循环，尽量保证节奏一致。

腹式呼吸比较容易学习，关键在于无论是呼气还是吸气都要达到"极限"的量，就是吸到不能再吸，呼到不能再呼。腹部也要最大限度地收缩和胀大。

孩子在练习腹式呼吸时，最好平躺在床上，穿着舒适且宽松的衣服，排除杂念，集中思想，放松肢体，慢慢地由鼻子吸气。开始练习的时候，可以尝试让孩子把一只手放在肚子上面，让他注意他的手，感觉手随着气息的出入而动。当吸气的时候，手起来；呼气的时候，手下落，那就是对的。不要让孩子感觉是手带动肚子，也不用幅度太大。就好像一只气球，吸气的时候就被充满，呼气的时候就缓缓放气，如果不能体会这种感觉也没关系，随着训练的次数增多，自然就会了。

孩子练习的次数越多，你就会发现，孩子变得更加容易静下来,更容易变得专注。

> **家长思考题**
>
> 1. 你了解过腹式呼吸吗?试着用有意识地跟身体连接的方法帮助孩子培养专注力。
> 2. 你会如何改写文中的故事来适合你孩子的需要?

"我喜欢和妈妈一起练习"——冥想，哪怕是小孩子也可以

家骏妈妈又一次陷入苦恼中：家骏已经四年级了，但是他入睡难的问题一直没有得到彻底解决。妈妈曾经尝试过音乐入睡法，让家骏听一种古埙的乐曲，起初确实能比较容易入睡，但是一个月之后，这个方法失效了。后来家骏妈妈又用了疲劳熬战法，让家骏白天大量运动——游泳、跑步，但一段时间之后由于课业太重，运动量没法持续增大，家骏又每天晚上熬到十一二点才睡。

家骏妈妈最烦恼的是，每天晚上准时 10 点关灯之后，家骏因为睡不着，一会儿起床喝水，一会儿起床尿尿，一会儿把手搭到妈妈身上，一会儿又跟妈妈聊天。妈妈说："我有时是又着急又焦虑，最后就控制不住自己的脾气，结果又吼又叫，搞到最后又是十一二点，不但达不到早睡的目的，还违背了'暮夜不责'的古训。"家骏妈妈一说起来就懊恼不已。

家骏妈妈的家庭教育指导老师细细地了解了家骏的作息时间，知道家骏会晚睡晚起，特别是在假期会睡到自然

醒，通常会在上午 10 点多才起床，晚上则常常是十一二点才睡，而且养成了晚上睡前跟妈妈玩闹的习惯。

老师给了家骏妈妈一个"双管齐下"法：一是让家骏早起，刚开始的时候哪怕很困也要最晚七点起床，进行晨读；二是尝试在睡前做冥想。

家骏妈妈决定再试一次。

家骏妈妈回到家便跟家骏商量："最近这段时间，我工作的时候注意力不够集中，工作效率比较低，所以我决定从今晚开始，我要练习冥想，帮助自己提升专注力，你能帮助我练习吗？"

家骏从来没有收到过来自妈妈的邀请，而且妈妈还主动说了自己碰到的问题，家骏简直觉得自己就是一个大人，他赶紧一口答应："妈妈，什么是冥想？我要做什么？"

妈妈说："你不需要做什么，只要不打扰我就可以了，当然你也可以跟我一起练习。"

"好啊好啊，我也要练习。"

小学生，哪怕是四年级的学生，也还是充满好奇心的孩子。

到了晚间，妈妈特意换了一套宽松舒适的衣服，妈妈问家骏要不要也换，家骏觉得这件事很正式，居然还要特意换衣服，他兴趣更浓了，便跟着妈妈换好了衣服。

妈妈准备了小鸟的声音、青蛙的叫声、水滴的声音好几种音乐，家骏选了水滴的声音，也了解了几个小的要点：

（1）闭上眼睛，保持安静；

（2）放松听水滴的声音；

（3）做腹式呼吸。

妈妈选了打坐的姿势，而家骏则选了平躺的姿势。10分钟，就这样在轻柔的水滴声中过去了。当妈妈被手机轻微的振动提醒的时候，她睁开眼睛，却发现家骏已经睡着了。

后来，家骏常常跟妈妈一起做睡前冥想，有时采用坐姿，有时还是躺着，每次冥想结束，家骏都能安静地进入睡眠状态，渐渐地养成了早睡早起的习惯。

妈妈说她自己的专注力真的提高了，原来不过是为了帮助家骏快速入睡，结果自己的工作效率确实有了很大的提升。

小知识

什么是冥想？

冥想是源于瑜伽中的一种方法，它可以让人放松，并达到一种心神合一的境界。

所以，如果孩子从小学会冥想，他的内心就会更加平静，做事更加专注。

冥想可以让孩子难以沉下来的心静下来，冥想还能帮助孩子释放紧张、焦虑等负面情绪。

大量实践证明，习惯运用冥想的孩子，学习效率和专注程度都较高，右脑的形象思维和想象力也得以开发，同时孩子也能很好地调整情绪。长期冥想的孩子焦虑、抑郁的情况明显少于不冥想的孩子。

怎么做冥想？

一、冥想前的准备工作

1. 安静的环境

安静的环境更容易让人进入冥想状态，可以集中注意力并且不易被打扰。

2. 舒适的服装

衣服要给孩子准备宽松、舒适、温暖的衣料，紧身的衣服会让孩子有紧绷的感觉，不容易进入冥想，反而还容易分神；一旦进入冥想状态，人体也会相对平静，此时，人会比平时对温度的感知更敏锐，所以比较容易受寒，一定要提前做好措施。

3．适当的姿势

冥想一般可以用两种方式：一种是躺着，另一种是坐着。我们一般建议坐着。躺着需要很有定力的孩子，否则会睡着或者无法集中注意。孩子坐着的时候，可以坐在凳子三分之二左右的位置；脊柱是竖直的，以保证呼吸顺畅；双脚可以盘坐，也可以平放在地上；双手分别放在两膝上。

4．准备一个闹钟

准备一个闹钟，要特别注意闹钟的铃声设置为舒缓的音乐或者自然声音，以免冥想被唤醒时惊吓到孩子。准备闹钟的好处就是，避免孩子因惦记时间而无法专注。

二、三个冥想的方法

冥想的方法很多，下面我们举三个具体的方法，便于家长和孩子初期的操作：

1．看

（1）妈妈准备一张A4白纸，在白纸上从上往下，用黑色的水彩笔画上依次变小的实心圆。

（2）孩子以舒适的姿势端坐好，坐在椅子的三分之二处，双脚平放于地上，双手自然放在双膝上，如果初期孩子实在不能端坐好，可以靠在椅背上。

（3）后背挺直。这里可以想象自己头顶有一根绳子吊在天花板上，下颌微收。这样很容易就挺直脊柱了。

（4）闭上双眼，用鼻子深深地吸气，感觉进来的气体来到头顶并沿脊柱来到肚脐下三寸的丹田位置（对孩子可以说是小肚子的位置），屏住呼气3秒钟，然后再将气体用鼻子或者嘴呼出，感受所有的气体都被呼出去。重复以上动作3次。这个过程，孩子就会慢慢地放松，进入冥想的状态。

（5）张开眼睛，让孩子注视着上面最大的圆，尽量拉长孩子不眨眼睛的时间，注视的时候注意顺畅呼吸，也不要累坏了眼睛，循序渐进地进行。如果最大的点可以不眨眼睛，注视的时间已经比过去延长了，就可以往下进行第二个圆点了，注视下面较小的那个点，一直到最小的点的注视时间都被延长了，孩子的专注力就会有变化。

2．听

听觉冥想可以提升孩子的听觉注意力的时间，加强孩子的听课效果。

（1）这里开始的方法和上面"1. 看"中（2）~（4）是相同的，我在这里就不再说明了。

（2）不睁开眼睛，妈妈可以为孩子准备小鸟的声音、青蛙的叫声、水滴的声音、装修的声音等，让孩子仔细地听，伴随着这些声音让孩子沉浸其中。

（3）注意每次冥想只选择一个环境声音，不要有大幅地转变，避免惊扰到孩子。另外，家长也要保持安静，不要担心孩子是否进入状态，更不要打断孩子去提问或者聊天。

3．观呼吸

（1）这里开始的方法和上面"1.看"中（2）~（4）是相同的。

（2）闭上眼睛，感受着气息进出时鼻孔的感受；随着气息来到腹部，感受腹部一起一落的感受。这个过程中，请跟随气息的走向慢慢地用心感受。一旦意识到有其他的想法出现，把注意力拉回来就好。

请家长根据自家孩子的情况选取以上相应的方法进行练习。

家长思考题

1．您曾经做过冥想吗？您对冥想的看法是什么？

2．如果让孩子练习冥想的话，您想从哪里开始？

3．您还能想到其他类似冥想或者替代冥想的方式和方法，可以让孩子变得更专注吗？

第 5 章

孩子自我刻意训练，
让专注成为习惯，
在繁重的学习中胜出很容易

1 "我只做一两项"——减少任务切换，深度学习，主动专注

我们成人在工作的时候可能也经常出现类似这样的情况：一个上午，给自己安排了写总结报告、修改客户方案、与技术部门沟通系统改造、向上级汇报最新工作进度等任务。实际上，一个上午过去了，写报告时想着客户方案，和技术部门沟通时想着总结报告也很着急，向上级汇报工作时却思考着新领的任务。按下葫芦浮起瓢，感觉哪都没做好，也只能任由没有进展的工作拖延到精力更加不济的下午。

其实孩子学习效率低也与大人情况类似，可能有的孩子一边看书，一边写作业，一边还想着自己没通关的游戏或想找朋友玩；还有的孩子正在做语文作业，却想着之前没解出来的数学题……结果忙了半天，一件事也没做好。

5岁的点点需要在睡觉前把玩具收好，他觉得这并非难事，所以便一口答应妈妈。当面对一屋子乱七八糟的玩具时，他却无从下手。十分钟过去了，爸爸看到点点一会儿收书本、一会儿收积木，有点生气，说点点做事太慢，

点点更加不知所措。妈妈见状,便问点点:"我们先看看有什么没有回家?"

"有绘本、汽车、磁力片、积木、奥特曼卡片。"点点一边说,妈妈一边用纸记录下来。记录好后,妈妈继续问道:"那你想第一个收什么?第二个收什么?我们来给玩具排一下回家的队伍。"

点点在妈妈写的字旁边,逐个按照自己的想法排了顺序:

①磁力片 ②绘本 ③积木 ④汽车 ⑤奥特曼卡片

"所以第一个要回家的玩具是哪种?"妈妈问道。"磁力片。"点点立马有了方向。在集中注意力只收磁力片的时候,点点自然排除了其他物品的干扰,收起来更快了。随后每完成一项便在纸上打个钩,并按照自己写下的顺序完成了收玩具的工作。

可能有些家长会说,这不是易如反掌的事吗?难道还需要教?对于成人而言是小菜一碟的事,对于孩子而言却是一座需要逾越的"小山丘"。因为孩子的手眼协调能力和视觉统合能力与年龄有关,这需要家长从中引导孩子自己找到方法,而不只是一味地责备和说教,那么启发式提问就是其中一种培养孩子解决问题能力的引导方法。同样的道理,减少任务

孩子自我刻意训练，让专注成为习惯，在繁重的学习中胜出很容易 第5章

量，每次只做一两项，也适合学龄期的孩子。

(1) 减少任务切换，就是减少大脑的抗拒阻力

我们要明白，开始做一件事或者开启一个新任务，就是要改变现有的行为状态，和惯性做斗争，而在新的任务真正开启前，大脑天然会喜欢旧的行为状态，抗拒新的任务。

举个例子，你想养成每天睡前看2个小时书的习惯，但是此前已经很长一段时间睡前都习惯了刷手机，要一下子看2个小时的书实在太难了。按照斯蒂芬·盖斯在《微习惯》里的观点，要养成睡前看2个小时书的习惯，不是给自己定看2个小时书的任务，而是把任务设定到微乎其微的程度，比如只看1页书、看几行字，从而骗过大脑，让大脑觉得这是轻而易举的事情，降低大脑的抗拒阻力，先开启了这项任务，再逐渐通过超额完成任务从而达成目标。

正如我们知道的，空调刚启动时，是比较耗能的，但一旦室内温度达到设定值，保持室温所需要的能量要比刚启动时小，如果频繁开关空调，就会比较耗电。大脑也是如此，如果我们频繁切换任务，每次都要积聚能量来启动，大脑当然闹脾气不肯配合行动了。

闹闹是一名刚上三年级的孩子，都说三年级才是真正

的幼小衔接，闹闹的妈妈这可感受到了：每天晚上闹闹都是在学校作业、课后练习、兴趣班打卡之间来回周旋，平时温文尔雅的妈妈看到也忍不住着急上火，按闹闹妈妈的话讲，那真是兵荒马乱。后来恰逢长假期，任务更多了，妈妈便和闹闹一起约定：

第一，每天都要完成一部分。

第二，一次只做一件事，不做完，屁股不离开凳子。

自从减少了每天的任务切换，想着一次只做一件事后，闹闹感觉原来很难的事情也没有想象中那么难了，最后无论作业、课外练习，还是朗读、背诵，都比之前更加高效了，并能提前完成所有学习任务。

（2）降低单位时间任务量，让孩子树立"我能行"的信念

小玉刚学写字，可能眼见着同班同学都写得比她快，写得比她好，心里有些着急却不知道要怎么办，索性顾左右而言他，一会儿上个厕所，一会儿玩玩笔盒。妈妈观察到情况后，没有责备小玉"为何别家孩子能做到，而你却没有做到"，而是问她："你觉得完成一页字需要十分钟还是十五分钟？"

小玉有点儿迟疑地答道："十五分钟吧"。妈妈接着

说:"那我们先尝试十五分钟完成半页,看能不能完成?"

"这也太简单了吧!"小玉听到后立马开始行动,大概用了五六分钟便写完了半页,一看时间还绰绰有余,便主动把接着的半页也写完了,而总用时才十二分钟左右。

"哇,这是超额完成任务了啊!而且写得还很工整,可以看出来你写的时候心情很平静,一点都不急躁。"妈妈欣然地对小玉说。

"我想着时间还有这么多了,心里也就不着急了。没想到居然比平时写得还快呢!"小玉显然抑制不住内心的成就感,迫不及待地分享成功的经验。

"看来你开始掌握完成任务的诀窍了,那下次再写字的时候你会怎么办呢?"妈妈引导道。

"我先估计一个时间,写一半;如果时间宽裕,那就把另一半写了。"小玉想了想,把刚才的情形总结了一下。

"那如果时间不宽裕,或者还没写完时间就到了呢?要怎么办?"妈妈又问。

"嗯……那就写快一点,或者再多给一点时间。"小玉给出了自己的想法。

"看得出来,你已经对不同的情况有自己的判断了,我们继续试试看,怎么样?"妈妈好期待下一次的完成情况,不管完成或未完成,孩子都有了自己的处理方法。

孩子表现出来畏难情绪时，需要家长从旁引导，尝试降低单位时间的任务量，减少任务的频繁切换，先让孩子树立"我能行"的信念。因为这种"我能行"的信念将比"完成任务"本身更为重要，孩子的自信心就是在一次又一次"我能行"的体验中习得的，这种信念也会帮助孩子在遇到学习困难的时候不再那么容易放弃。

（3）设置目标区域框，只放一两项任务

四年级的皮皮做作业时，总是想起语文背两句，想起数学算几题，一晚上下来似乎一直在努力，但却不能在估计的时间内完成任务。但好朋友小术却能够在九点半前就完成作业睡觉，皮皮感觉很好奇，便请教起小术来。

原来，小术是一位篮球爱好者，在做作业时给自己整了两个纸篓：一个放需要完成的海洋球，另一个放已经完成的海洋球。奇怪的是，小术并不会把所有待完成的作业海洋球都放进需要完成的纸篓里，而是每次只放一两个。他给自己设定一个20分钟的番茄钟，每次只盯着未完成纸篓的海洋球，集中精力完成，完成了就赶紧投进已经完成的纸篓里。"好球！"每当小术完成一项任务，都会喊一声来鼓舞自己，看着已完成的纸篓里越来越多的海洋球，小术心里也就越来越轻松了。

太多目标就等于失去目标,"所以我每次只做一两项"。小术通过减少当前的任务量,聚焦精力,逐个突破,再通过可视化的方式设置目标区域框,把任务视觉化,减少自己记忆任务的负担,从而轻松上阵,在沉浸式学习中主动培养了自己的专注力。

皮皮知道小术的"秘密"后,也学着调整自己的学习安排,"现在我只需要在第一个番茄钟内完成数学作业就行了,别的不需要去想"。当皮皮开始聚焦在单个任务时,效率便也开始逐渐提升。

2 "现在只做第一部分"——切割任务，让目标变得更容易实现

在实际情况中，可能每次只做一两项任务孩子也不一定能顺利完成事情，他们总是给家长很多挑战：要写的作文半天写不出一个字，要背的课文磨蹭好久都背不下来，一说要英语打卡就跑开，家长好说歹说只是等到一句"我不会"，真是要把家长逼到发飙失控。

在简·尼尔森风靡全球的著作《正面管教》里，提及孩子有四种错误目的，即以错误的行为来表达自己深层次的需求，其中孩子在学习中产生自暴自弃的行为，有一个与之对应的解决建议是"分解成小步骤"，"把任务变得容易一些，直到孩子体验到成功"。也就是说，学会切割任务，告诉自己"现在只做第一部分"，把作业变得如玩通关游戏一般，一步一步升级打怪兽，逐个击破。

有一次，在和朋友聚会时，朋友把她读四年级的女儿欣然一起带来。饭前，大人在聊天，孩子在一旁做作业。

可是因为大人们聊天，孩子就总走神。她拿着课本背

古文，背一句，停下来，听大人们聊一会儿，半天再背一句，就又停下来听大人们聊天。结果大人聊了半小时，她背的古文连第一句都没记住。在场有一位老师，注意到欣然的状态后停止了聊天，坐过去和欣然一起背起了古文。这段古文如下：

"欧阳公四岁而孤，家贫无资。太夫人以荻画地，教以书字。多诵古人篇章。及其稍长，而家无书读，就同里士人家借而读之，或因而抄录。以至昼夜忘寝食，惟读书是务。自幼所作诗赋文字，下笔已如成人。"

"欣然，你看，这段古文其实是由六句话组成的，说了一个简短的故事，我们一句一句来理解背诵。"老师引导道。

"才六句？"欣然有点不敢相信，按句号一数，原来真的只有六句话，顿时觉得仿佛没那么困难了。

"第一句由两个分句组成，'欧阳公'是这段古文的主人翁，他发生了什么事呢？'四岁而孤'四岁便失去了父亲，'家贫无资'家里很穷，没有钱。"

"这句简单！"欣然一下就背住了。

"很好，欣然！现在来看第二句，也很简单，'太夫人'就是欧阳修的妈妈，妈妈做了什么呢？'以荻画地'家里太穷了，买不起纸笔，于是妈妈用芦苇在地上写字，

'教以书字'教欧阳公读书认字。"

"这也是两个分句而已！我背下来了！"欣然越来越有成就感。

"第三句只有一句话。'多诵古人篇章'……"

"背下来了！就是经常诵读古人的文章。太简单了！"欣然抢着说。

"现在来第四句了，稍微长些，但也很好理解。小的时候可以用这种简单的方式教欧阳公，'及其稍长，而家无书读'到长大点时家里没有书读怎么办呢？'就闾里士人家借而读之，或因而抄录'那就到当地附近的读书人家里借书来读，有些太长了就把它抄下来。"

"这样记也不难，我经常会卡在长句子上！"不到一分钟，欣然就背了下来。

"是的，到第五句了，你能试着自己理解并背诵吗？如果有不理解的地方可以问我。"

"第五句，'以至昼夜忘寝食，惟读书是务'是说欧阳公读书读到白天黑夜都忘记睡觉吃饭了，只顾着做读书这一件事。欧阳公真厉害啊！"欣然自己理解后，便也背了下来。

"是的，那如此专注于读书的欧阳公，读得怎么样呢？第六句'自幼所作诗赋文字，下笔已如成人'从小所写的诗词和文章，都像大人一样写得很精彩了。"

孩子自我刻意训练，让专注成为习惯，在繁重的学习中胜出很容易

"老师，我觉得我已经全部背下来了。"欣然按照老师的方法，一边回想整个故事一边背诵，不一会儿，就能流畅地背出来了。

"欣然领悟能力真强，在这过程中学会了什么啊？"老师进一步引导。

"我以后背书要切分成一部分一部分的。当您告诉我只有六句话时，我只要每次背一句就没觉得那么难了！"

为什么当把目标聚焦在某一部分时，孩子会明显感觉更加容易了呢？一开始面对一大段古文，不要说四年级的孩子，就是家长也有点犯难，想要一口气吃掉一个胖子，却落个无从下手的窘境。因为我们的大脑很多时候都是单线程工作的，比人脑计算效率大多倍的电脑在运行多个软件时，速度也会明显变慢，更何况是四年级孩子的脑袋呢。

信息超负荷引起了畏难情绪，只需人为告诉大脑，"现在我们只需要关注第一部分"，如此大脑便又安定下来，在同一件事情里不同部分的小块任务中做到心无旁骛。

常言道，好的开始就是成功的一半。现在，如果孩子不知道怎么开始，便从第一句话、第一个词、哪怕第一个笔画开始。可别小瞧了一个简单的开始动作，万事开头难，但也只有开始了，才能为后续的持之以恒打下基础。

3 "一边……一边……并不适用于学习"——一次只做一件事

中学语文课本里华罗庚写的《统筹的方法》不知大家还有没有印象？里面介绍的是一种提高工作效率的数学方法：比如要泡茶喝，眼前需要做的事包括：洗茶壶、茶杯，烧开水和拿茶叶，使用统筹的方法应该先烧开水，一边烧开水时一边做洗茶壶、洗茶杯、拿茶叶这些动作，而不是等水开了才去完成洗茶壶、洗茶杯、拿茶叶这些动作，从而提高了工作效率。

现在人们的生活工作节奏加快，孩子们在学习时也恨不得能一分钟当两分钟使用，这个统筹方法要是能用在学习上，那不就能最大限度地提高效率了吗？

小奥是一名初中生，他在学习了《统筹的方法》后也想实践在学习上。于是，他晚上一边做语文卷子，一边听英文录音，心想这既能完成语文卷子，又能培养自己的语感，提前完成任务了还能空出时间自由活动。"我咋那么聪明呢！"小奥为自己的主意沾沾自喜。妈妈知道小奥的想法后，暂时没有提出意见，想看看孩子的实验会得出个什么结果。

结果，小奥在做语文卷子时，无法听清楚英文录音，想着仔细理解英文对话内容时，语文卷子卡壳了。原本打算一个小时做完语文卷子和复习英文对话的任务，在互相拉扯中，拖到了一个半小时才完成，真是吃力不讨好。

"小奥，我倒觉得你很有活学活用的精神呢。说说看，刚才是怎样的体验啊？"妈妈好奇地问。

"我原本想着这英文对话今天刚学过，只是复习应该不用很费神，但是原来一些单词还是要回想一下才想起意思，于是就打断了做语文卷子的思路。"

"是啊，因为两件事情都需要你调动自己的专注力，所以没办法一起做，不像妈妈可以一边做饭一边听广播，因为做饭对我来说已经不需要思考了，我把专注力集中在听广播就行了。"

"看来统筹的方法也要看情况才能用，像这种两件事都需要全神贯注的工作，就不能同时做了。实际上一次只做一件事，慢慢来，才会比较快。"

正如小奥所言，"一边……一边……"的句式并不适用于所有的学习。现代人忙碌的生活、工作、学习节奏让大家总是习惯"多线程作业"，比如一边开会一边回复邮件等，但最新的科学研究显示，如果同时做几件事情反而会降低效率。研究发现大脑反应的过程是线性的，从一个任务切换到另一个任务会有反应延迟，而且任务越困难延迟越大。大脑犹如单行道，各种信息、指令就像单行道上的车，如果车越来越多，那么就容易出现堵车，索性停滞不前。是的，人类有1 000亿神经元，但是我们却无法同时做两件都需要调用我们注意力的事情。

所以，如果孩子想一边听歌一边学习，答案应该是否定的。哪怕只是背景音乐，也会对孩子的专注力造成干扰，但是现实中可能很多孩子比较执拗，就是想这样做，那么大可效仿小奥的妈妈，让孩子试一试，看看他个人的体验如何。因为事实上，家长说再多的道理也抵不过孩子的一番亲身体验，唯有体验是无法替代的。

4 "时间居然过去这么久了"——让孩子体验心流的深层快乐

什么是心流？心流不是鸡汤，是一种经过科学论证的真实存在的幸福感体验，是一种内在的秩序。《心流》的作者米哈里·契克森米哈赖在书中引用了一个我们熟悉的故事来诠释心流的体验，就是《庄子》中的"庖丁解牛"。当庖丁拿着一把刀去把一头牛解开时，用了一句很经典的话和梁惠王解释他为什么能做到："臣以神遇而不以目视。"米哈里说这里的"以神遇"的"遇"，就是一股洪流所引领的结果，庖丁根本不是用眼睛去看牛的身体，而是全身心地感受这头牛，仿佛与牛融为一体，如此便能快速切割，所以别人用刀最多半年就坏了，庖丁用刀十年光洁如新，这便是心流的体验。

最令人意想不到的是，我们都以为心流的体验应该产生于休闲时光里，产生在大家忙完了所有的家务、工作，孩子睡了，然后自己躺在沙发上，刷着不用过脑子的娱乐视频，吃着零食，喝着饮料，享受一天中难得的独处时光里。可是如果给你一大段的空闲时间做这些事情，很快你就会感觉到无聊了，而并没有出现身心合一的心流体验。米哈里就通过实验论证了，其实心流的体验58%产生于工作、学习中，18%产生于休闲时光中。

回想一下自己的读书时光，是否也有过心流体验？我记得自己在读初中的时候，写一篇命题作文，我完全沉浸在命题里，从一开始不知从何下手到一点一滴进行拓展思考，下笔成章，一气呵成，如有神助，最后写了一个一波三折的神话故事来揭示主题。当写完最后一个句号时，抬头一看，才发现时间已经过去很久，我竟浑然不知。当时老师阅文后不仅给了很高的分数，并且特地过来问我："这是你写的吗？你是怎么写出来的？"这件事我一直印象深刻，并且让我对写作产生了更加浓厚的兴趣。直到读了米哈里的《心流》后，才发现那次的体验便是心流。

看到这里，你可能表示怀疑：我这浑身解数想要让孩子完成作业都勉为其难，现在还想让孩子在学习中获得心流体验，简直是痴人说梦。那我们就一起来看看有哪些途径能给孩子创造心流的体验吧。

（1）寻找心流通道

心流的获得有一个固定的通道，便是介于压力与能力之间。任务太简单，毫无挑战性，就会感觉无聊；任务对目前的能力而言太难，便会失去信心，想要放弃。

要获得心流的体验感，第一个要素是参加具有挑战性的活动。可以根据孩子的不同年龄，按照孩子的能力水平，设置较其能力水平稍高的活动，也就是设置跳一跳能够得着的任务。在浑然忘我的具有掌控力又有挑战性的过程中，寓教于乐，以此激发孩子的心流体验。

(2) 记录学习过程的感受

每当完成一项学习任务时，可以鼓励孩子对自己的感受进行复盘。在这个过程中，引导孩子体验一下，是感受到痛苦、平静、焦躁还是愉悦，并鼓励孩子记录下这份体验。

《小狗钱钱》里小狗钱钱教米娅如何获得自信，方法就是每天坚持写成功日记，即把当天自己认为做得最好的十件事情记录下来。一开始米娅觉得这很难，她无非就是每天循规蹈矩地吃饭、睡觉、上课、做作业，听爸妈唠叨债务上的事情，仿佛没有什么值得记录的。然而，当她仔细地回顾，发现当天实在太有趣了。她小心翼翼地呵护发现了小狗钱钱会说话的秘密，在钱钱的鼓励下制作了梦想储蓄罐和梦想相册，她开始记录成功日记，并打算永不放弃。当她把这些记录在成功日记上时，她感到无比自豪，这让她迫不及待地想要继续学习更多赚钱的知识和技能。

"我感觉我像风马奥特曼一样厉害。"7岁的点点在一次次摇摇晃晃中学会了骑两轮自行车时,一边说一边洋溢着无比自信的笑容。

按他的话说,人要登上太空,第一步要学会骑自行车,第二步学会开汽车,第三步学会开飞机,第四步学会开火箭。俨然,他觉得现在自己的人生迈出了一大步!

晚上,我用鼓励贴浓墨重彩地记录他今天的成就,并郑重地在一个心形便利贴上写上"骑自行车"这四个字交给他,"恭喜你,今天你的成长树上多了一颗技能果实!现在,我想采访一下你,你是怎么学会骑自行车的?"

"一开始时我有点害怕,车头摇来摇去,好像要摔倒。后来我就只是往前踩,车头摇,我就控制着,然后就学会了!"

"本来一开始看到你有点害怕,我以为你今天可能不会再练了,但你还是继续练习,可以说说原因吗?"

"我想多试几次,然后我就会了!妈妈,我以后每天都想练习骑自行车!"

我把"经过多次练习学会骑自行车"的经验补充到鼓励贴上,点点非常开心,仿佛多了一种对自我的掌控力。也许他骑着车子绕着小区转圈,享受着风与自行车车轮速度所带来的畅快便是心流的体验了。

孩子自我刻意训练，让专注成为习惯，在繁重的学习中胜出很容易

很多孩子在成长的路上有着太多类似的成功体验，人的自信心也是从一件件成功体验中累积起来的。但一般情况下我们都并不擅长攫取记录这种成功体验，甚至有些家长因害怕孩子骄傲而进行有意地打压，"这有什么，很多孩子早就会了""你看你的朋友，他骑得比你快呢""这么久才学会没什么大不了的"，孩子好不容易生发的心流体验便付诸东流。

事实上，关注孩子已经做到的部分，用孩子已经做到的部分来鼓励孩子，鼓励孩子自己通过成功日记记录，或者爸爸妈妈通过给孩子写鼓励贴表达看到他已经做到的部分，如同把一段心流的体验制作成最精美的点心储存在记忆里，待日后精神困顿之际取出来，配以清茗，细品这道点心的个中滋味，且享受一段能量补给时光再前行便可。

（3）把感受迁移到其他任务中

为什么要记录成功经验所带来的心流体验？因为"优秀是一种习惯"，成功的体验能够迁移到别的任务上，让自我产生"我也想""我也能行"的感受。

点点看到其他小朋友踩着轮滑溜来溜去，自己也想学。当穿上轮滑鞋时，却发现别说溜了，连站也站不起来。好不容易站起来了，一伸脚却摔个大屁墩儿。教他先

学抬脚,却寸步难行,一副生怕再摔倒的模样……几番下来,点点有点泄气了。

"你还记得你是怎么学会骑自行车的吗?"

"嗯,我一开始害怕,后来继续坚持练习,就学会了!"

"所以你打算怎么学轮滑呢?"

"继续练习。"

于是,点点开始了新的尝试,微微弯腰,扶着膝盖,做高抬腿的动作,一开始力气不够,抬得不高,渐渐地越来越有力,不时重复"摔倒—站起—摔倒"的过程。练习5天后,点点学会了向前滑行一小段。"妈妈,你看!我滑起来了!""对,就是这样,你掌握了滑轮的基本动作了,只需要多加练习,就能越滑越流畅。"

这便是将成功经验进行迁移的过程。孩子在成长和学习的路上,将会遇到各种各样的挑战,倘若没有把成功的经验累积下来,在面对新的挑战时,孩子可能忘了自己曾经征服的高山,难以找到鼓舞自己再次挑战新高度的途径。正如《小狗钱钱》中米娅在遇到一个访谈邀请觉得很难,想要退缩时,小狗钱钱没有空洞地和米娅说"你可以的"之类的话,而是让米娅去翻自己的成功日记,米娅通过自己成功日记里记录的体验，再一次鼓起勇气，顺利迎接了这次访谈的考验。

每个人都能从自我的实践中复刻出经验来，并用此经验指导下次的实践。想要孩子沉迷学习不能自拔，也可用此方法，让孩子记录学习时产生的心流体验，这种心流体验可以让孩子对学习"上瘾"。

"我居然真的做到了"——有了强烈的愿望，一切拦路虎都是纸老虎

阿志直到初二时，还只处于班上的中游水平，上课也不是不听讲，作业也不是没完成，反正没有特别积极，也没有特别不积极，一直处于不温不火的状态。有一次，他在周记里写了自己一些不着调的状态，发表了自己总是使不上劲的疑惑。大家的周记被返回来后，同学们收到老师的评语大都是根据周记的内容进行点评，只有他的评语中，老师没有点评他的内容，而是赫然写着几个字："你的人生目标是什么？"

14岁的阿志陷入沉思：长那么大了，大概只在小学时写过"我的梦想"之类的文章，大家都写要做警察、医生、老师之类的，自己也就随便挑了个医生作为自己的梦想，可从来没人问过自己的人生目标是什么。

"老师，我小时候想当医生，这属于人生目标吗？"阿志鼓起勇气找班主任聊一聊。

"医生是一个很崇高的职业，那么你有想过为什么想

做医生吗？"班主任继续询问。

"我觉得医生能够救死扶伤，帮助别人。"

"那你的人生目标挺明确的，想成为一位能帮助别人的人。而'医生'这个职业是实现你人生目标的其中一个途径，是否还有其他途径能帮你实现人生目标呢？"

"嗯，不是只有医生能够帮助别人，还有很多职业或者方式都能够帮助别人。可和我现在的学习有什么关系呢？"

"阿志，你觉得什么人能够做到帮助别人？"

"要不自己有能力，要不自己很有钱，但赚钱归根结底还是来自能力。"

"那么我们现阶段要怎么培养自己的能力呢？"

"我想，是要好好学习吧。可我成绩很一般，我没什么信心。"阿志有些疑惑。

"当然，不一定要成绩很好才能帮助到人。但如果想帮助到更多的人，那么我们需要掌握更多的能力，而通过学习我们能够创造出更多的可能性。你说呢？"

"老师，我懂了。我想要掌握更多的能力，也想帮助更多的人，我知道我要怎么做了！"

"有句话讲得好，叫'制心一处，无事不办'。阿志，老师非常相信你！"

这场谈话后，阿志生出了一股"咬定青山不放松"的狠劲，照他的话说"像突然开悟了"。他从学习习惯、学习方法上进行一系列的调整，让自己的成绩突飞猛进，从班级中等成绩逐步提升到年级前列，并以优异的成绩考上重点高中和重点大学。我是在高中时认识阿志的，彼时他已是理科尖子生，在问及为什么他能这么厉害时，他说起了这段和班主任的谈话，并总结道："好像有种力量在牵引着你，早起或者深入学习，一切原本觉得很困难或完全做不到的事，我居然做到了。并且这种把难关攻克的感觉又能引领你攻克下一个难关。"

为什么克服难的事会让人愉悦？这是因为人体中分泌的内啡肽发挥了作用。说起内啡肽，不得不提多巴胺。多巴胺是一种神经传导物质，是给大脑的一种奖励机制，当我们的欲望得到满足时，就会产生多巴胺，比如刷剧、吃美食这些简单的事情会让人体产生多巴胺，产生快乐的感觉，而多巴胺又和上瘾的行为有关。

内啡肽也会让人上瘾，但内啡肽不是一种奖励机制，而是一种补偿机制，是在为你身体减痛时而产生的愉悦感。像有过跑马拉松经历的人就有强烈的体验，在跑步的过程中有一个很神奇的转折点，在到达那个点之前，你的身体很疲惫，满脑袋都是放弃，但一旦过了那个点，你的身体就会充满活力,产生无往而不胜的轻松感,根本就停不下来。这就解释了为什么马拉松爱好者一天不跑身体就不舒服。习惯早起的人并没有感到身体疲惫,喜欢折腾研究的人总是停不下来,这便是身体分泌了内啡肽的缘故,让人自律上瘾。

从阿志的案例里,我们可以看到学习也可以上瘾。首先,强大的"人生目标"驱使他做出改变,"把难关攻克的感觉又能引领你攻克下一个难关",他在一次次克服困难的道路上越挫越勇,在学习上产生了内啡肽,帮助自己度过学习过程的枯燥与乏味。

我们可以效仿阿志,给自己设立一个长期的人生目标,这个目标的本质即"你想成为什么样的人",把这个目标分解到每个阶段里形成阶段目标来执行。当觉得学习困难和迷茫时,想想你的长期人生目标,它会像黑暗中的北极星,引领你前行,前行中自有内啡肽帮你保驾护航,一切拦路虎都是纸老虎罢了。

6 "学习路漫漫,但我不气馁"
——教孩子专注目标,最终取胜

田忌赛马的故事大家都很熟悉,这本质上运用的是一种错位竞争,从而取得整体胜利的策略。学习路漫漫,每个人的学习之路都不可能一帆风顺,也很难做到每个学科都面面俱到,就连传统意义上的学霸也不例外。

小P高中时已经是同学和老师眼中实至名归的学霸,数理化成绩遥遥领先,在课堂上通常老师还没讲完他就已经学会了,还获得了全国奥林匹克竞赛一等奖。但他也有自己的短板,就是英语和语文,总感觉不像学数理化那般如鱼得水,尤其写作文这一关对他而言尤为困难,为此他也曾经焦虑,并请教过老师。老师问他的目标是什么。"清华大学。"小P很笃定。"考取清华一定要每一门科目都得拿第一名吗?""不一定,只要总分高就行。""是的,所以你在数理化科目方面的目标是攻克难题取得高分,而英语和语文则确保基础题、中等难度题不失

孩子自我刻意训练，让专注成为习惯，在繁重的学习中胜出很容易

分，我们的最终目标是保证总分能达到考取清华的目标便可。"

后来，小P调整策略，不再一味地攻克语文、英语的难题，而是把更多的时间花在确保其数理化的科目优势上来，最后他被清华大学成功录取。此时的他已经学有所成，成为一名大学教授。

在这个过程中，老师就是利用了"田忌赛马"的原理，帮助小P专注于所要实现的目标，减少弱势学科的精力消耗。我们都知道木桶原理，即木桶能盛多少水取决于短板的长短，所以在学习中容易习惯性地用"补短板"的思维，把时间大量消耗在20%的难题、短板科目上。然而，现实中"新木桶理论"倒是提出了新的视角，即我们想要木桶盛到更多的水，不是着急把短板补齐，而是加长自己的长板，并把木桶倾斜，从而实现盛到更多的水的目标。

我们普通人的学习也可仿照"田忌赛马""新木桶理论"的原理，在纠缠于各科学习时，不妨来个通盘思考，明确自己的目标，分清自己的"上等马""中等马""下等马"，加长自己的长板，从而达到目标。

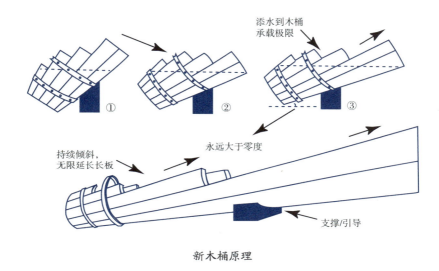

新木桶原理

（1）对自己的学科优劣势有全面认知

田忌赛马中的孙膑首先了解了自己的马以及对方的情况，才能制定策略，先输后赢，稳操胜券。在学习中，我们也要首先对自己各个学科的优劣势有全面的认知，明确自己的优势科目，可以拿多少分。

（2）有目的地放弃对弱势学科的过度追求

有的同学在学习时力求完美，比如遇到不懂的数学题自己花大量时间进行死磕，这本是好事情，但在考试时却会造成精力和时间的浪费。正如孙膑放弃对下等马的胜利追求一样，我们也不妨放下对弱势学科的过度追求，只需保证这一学科中基础题、中等难度题不失分即可。

（3）充分挖掘，发挥你的长板优势

寻找自身比较感兴趣的得心应手的科目，这便是你的长板。注意寻找长板科目时应与自身比较，而不是和他人比较。在这些长板科目上投入大量精力，当他人把精力平均分配到五六门学科，你把70%以上的精力都投入一两门长板科目，你便是这个科目的专家。这是你的上等马，必须牢牢确保优势。

（4）强化对必学科目的训练

比如英语，无论将来选什么专业，英语都是必学科目。在英语的投入上可以选择一些辅助资源，如付费选择一个全英的环境，突破语感关，用输出倒逼输入，把英语学习当成生活的一部分，将会获得突飞猛进的成长。像这种必学科目就是你的中等马，是确保你达成总目标的助攻选手。

（5）弱势学科掌握最基础的知识

上述提到的放弃对弱势学科的胜利追求，并不意味着完全放弃、不学习，而是指减少精力投入比例，只要求自己掌握最基础的知识。比如物理，考试灵活度很高，如果本身就不是优势所在，要耗费大量精力才能做到整体提升，可能还会影响其他科目的学习。像这种情况，我们只要求自己掌握正常课堂知识，如概念、定律及课后题等。这是下等马，让它能出战便可。

（6）通过模拟考试检验你的布局

把模拟考试看成是一场真实的赛马，对手是同场竞技的同学。通过模拟考试观察：你的上等马是否能明显高于同水平同学，中等马能互相媲美，下等马能够上赛场。在一次次的模拟考试中检验自己的排兵布局，不求赢在单科上，而追求总分的胜利。

从学科的投入比例上我们可以学习田忌赛马，在一天的学习中也可运用田忌赛马的原理，合理使用精力和脑力。

曾经有记者访问一位以内地第一名的优异成绩被香港科技大学录取的同学，问及其学习方法时，他告诉记者，他的有效学习方法就是交替学习法。

他的案头上从来不会只放一门学科的书，而是放四五门学科的书，每隔 20 分钟，他就会换一门学科进行学习，不会长时间地只学习一门学科。遇到难题时，他会争取在 30 分钟内集中注意力解决，如果未能解决，那么也不会继续纠缠下去，而是会换另一学科交替学习，或者休息一会儿后再回来解那道题。

　　这位同学之所以能以优异的成绩考入理想的大学，和他这种高效的交替学习法有关。交替学习法实际上是掌握了合理用脑的关键，即人的注意力有限，要让大脑适当休息，这种休息不是睡大觉或打游戏，而是切换成别的学习任务，让自己把握注意力最集中的 20 分钟，使自己在繁重的学习中从容应对。这种学习方法可能一开始会觉得一科作业还没完全做完就做其他学科，心里会不舒服，但学习是一个长期连续的过程，我们更应该关注长期的目标，合理分配精力，自然结果便是胜利。

7 "我相当可以"——难的事是真难，但是一直做就做成了

聪聪是一年级的孩子，在写拼音字母的控笔练习时，妈妈有意将较难写的"g""b""p""q"这些容易混淆又考验控笔稳定性的字母排在前面让聪聪练习。起初，聪聪总要问妈妈"g"是朝哪边，"p"又朝哪边，如果写出来发现自己写错了就更不愿意继续写了。妈妈没有立即"解救"孩子，她打算在这件大人看似微不足道的事上有意"为难"一下聪聪。于是，妈妈录了听写的录音，和聪聪一起听写，听写完后让聪聪对照两份答案来找不同，聪聪觉得好玩，便重新燃起了兴趣。在不到一周的练习后，聪聪说："妈妈，我已经分清楚哪些字母朝左边，哪些字母朝右边了！"

妈妈看到聪聪已经掌握易混淆的字母后，便让他开始练习其他不容易混淆的字母，这下聪聪同样用一周时间便熟练地掌握了剩下的字母的书写。聪聪得意洋洋地说："我相当可以！"

有人对聪聪妈妈的做法很好奇，别人都是按顺序或者从易到难的顺序来教，为何聪聪妈妈却反着来，从难的先开始着手。

"先苦后甜嘛，难的都克服了，简单的做起来不就更加得心应手了。"

聪聪妈妈的做法看似简单，但是却运用了"进窄门"的道理。

有句话说："要进窄门，不要进宽门。宽门易进，所以人多，但必至灭亡；窄门里人少，方得永生。"宽门易入，但是走的人也多，会越走越挤，路越来越难走；窄门难进，但通过窄门后，人不多，路便会越走越宽广，越走越光明。如果想以后的路好走一些，可以在一开始就给自己选择难一点的窄门进行挑战。

有人说，窄门实在太难了，孩子进不去是否会打击自信心？放心，再窄的门也有能进的方法，更何况并非只有你一个人曾经走过窄门，我们只需要根据前人进窄门的脚步，一步一个脚印便能通过。具体说来可使用以下的学习方法逐步渡过学习上的"窄门"。

(1) 内化学习法

很多孩子在学习书本知识时总是左耳进右耳出：做物理

题经常忘记公式，要用的时候就是想不起来；一到数学期末考试，哪怕是做过的相同的题型也做不对；平时的阅读量也不小，但"万书丛中过，片页不沾身"，写作文时，总是半天也写不出几个字。这一切都是因为没有把学过的知识内化为自己的东西。

那么该如何把知识内化呢？这里介绍一种内化学习法。在理解一个知识难点时，思考以下几点：

第一，书本原文是什么？

第二，用自己的话转述出来。

第三，与之前做的类似题型、已经掌握的类似知识点作横向比较；将阅读的内容与自己的亲身经历相结合。

第四，对于该知识点，出题人会怎么出？在什么场景中我能把这个典故、好词好句用上？

为什么要这样做呢？

第一，是为了获取完整的信息。

第二，能够转述出来的信息，才是内化成自己的知识。

第三，联系以往经验，是为了加强自己对知识点的理解，从而深化记忆。

第四，行动指引，学到的东西更要会用，越用才越熟悉，久而久之将知识点内化成肌肉记忆。

这四点就是把书本知识内化为自身知识的一个主动转化过程，而不是干巴巴的、填鸭式、死背题目的学习。建议以卡片的形式记录自己的思考过程，持续坚持以此种方式学习，不仅把知识点记得牢固，还能进行拓展和应用（这在注重逻辑思维和抽象思维的高年级学习阶段显得尤为重要），更能帮助孩子在高强度和高难度的学习中把握主动性。

（2）分段目标法

在做难的事情时，通常我们不能一口气达成目标，这时可以把学习的过程进行分解，设立分段目标。比如一开始想跑 10 千米可能有难度，那就把总目标变成分段目标，先跑 500 米，完成后再跑 1 000 米，然后再跑 3 000 米、5 000 米，这样到达 10 千米的总目标就容易多了。因为大脑喜欢即时反馈，如果这件事太难，那么大概率是难以启动的。

学习也如此，比如在期末总复习阶段，每科的复习任务都很繁重，想面面俱到看上去并非易事。拿初二物理来说，主要的知识点包括声现象、光现象、透镜、物态变化、电等内容，不妨把复习按三个阶段进行：

第一阶段，重温书本中的基本定义、定律。

第二阶段，看一看课后题、思考题，各单元的小测内容。

第三阶段，给自己安排模拟考试。

第四阶段，查漏补缺。

通过分段学习，从结果导向、剩余时限倒推自己的复习进度，设立分段目标，匀速前进，不要每天陷于"还有那么多内容没看怎么办"的内心纠缠中，即不专注于当下又无法规划将来，消耗精力而无所得。

（3）错题记录法

历史经验表明，学习成绩好的同学通常都习惯于使用错题本，于是积累错题逐渐成为大家热衷的一种学习方式，大家希望通过错题本来加深对错题的印象，从而避免犯同样的错误。甚至，市面上还专门有出售的易错题手册，剖析易错点。虽然我们知道使用错题本对学习有很大好处，但是也有很多同学反馈用错题本没有太大用处，除了抄写原题耗费大量时间外，下次遇到同样的题型还是会出错。

那么，究竟是错题本没用，还是错题本记录的方式不对？我们来看一位同学记录的错题：

题目：某种面粉袋上标有（25kg±50g）的标记，这种面粉最重是（　　）kg。

错误答案:75

正确答案:25.05

错误原因:没有看到 kg 和 g 不一致,不同单位间的运算应首先进行单位换算,即:

50g ÷ 1 000 = 0.05kg, 25kg + 0.05kg = 25.05kg。

抄了 120 个字,耗费了 3 分钟。事实上,我们只需要记录错误点即可。即:

$$25kg + 50g = 75kg(×)$$

不需要写原题,不需要写正确答案和原因解释。这样做的好处在于,一方面提高了孩子总结概括的能力,另一方面在复习时看到错题能回想起自己错误的原因,脑海中把正确的演算一遍便可,既节省了记录错题的时间又起到错题本复习巩固的作用,一举两得。

要注意的是,我们要区分错题和难题进行记录,同一本错题本的正面记录错题,反面记录难题。通过以正确的方式记录错题本,我们就能把知识盲区像扫雷游戏一样越扫越少,把厚厚的错题本越看越薄。

孩子专注力水平的提高,是一个慢慢培养的过程。如果学会把难的事情先做了,做到了,那么孩子的自信心就会得到大大提升。就如一个从来不会早起的人，一旦养成早起习惯，就意味着把一天中对自己来说最困难的事情先做了，那么接下来的一天，其他的困难相对来说就变小了，就能更轻松、更积极、更专注地对待了。

第 6 章
升级专注力到更高的水平，让孩子学会自己解决问题

1. "我现在很专注了"——破除各种诱惑，全身心专注于学习

有人说，现代人仿佛缺失了专注力，因为诱惑实在太多了：一会儿手机推送一条信息想去八卦，一会儿微信响了想去看看谁找我了，一会儿看看博主的带货推文觉得很好又想去买买买……随着短视频和直播时代的到来，人们停留在手机屏幕前的时间更是惊人地增长。我们每次的浏览时长、搜索的内容都被大数据的算法记录，算法比你更懂你自己，推送的内容也都是你的心头好，让你欲罢不能。

成人的专注力被肢解的同时，孩子的学习专注力也在不同程度地受到破坏。随着信息获取的便捷度和途径的增加，好多孩子都会受到来自手机、游戏的诱惑。现在，若有家长带着高年级的孩子一道聚会，常见的场景便是饭前饭后人手一台手机，集体做"低头党"，家长要是问句话，通常得到的回答就是"嗯"，再也不会多说一个字。

然而，现实便是，我们一边抱怨孩子专注力不行，一边自己也深陷随时分心的泥潭当中。讽刺的是，为消费者提供消遣、娱乐，让大家驻足屏幕前的爆款产品"抖音"的创造

者——张一鸣，本身却是一位极度专注的人。张一鸣曾多次谈到专注力："卓有成效如果有什么秘诀的话，那就是善于集中精力""加强专注力训练，它是优先级管理的保证，同时持续专注力的一个基础是体力和精力""注意力也可以开源节流，欲望和杂念分散注意力要节流，锻炼身体和注意力训练是开源"。

犹如本书第1章所言，专注力已然成为这个时代的稀缺品。卡尔·纽波特在《深度工作》中说道，"高质量工作产出 = 时间 × 专注力"，如何在纷繁芜杂、诱惑不断的现代社会重拾专注力，让自我沉浸于深度的学习和工作状态中，已经成为现代人最需要潜心研究的课题之一。而答案，便存在于自我本身。

如何挽救孩子的学习专注力？在这里，我们不能忽视榜样的力量。

（1）跨越时空的榜样力量

读初中的泽浩很讨厌文言文，偏偏现在的语文考试中文言文的考法又很灵活，除了死记硬背，还偏重于理解运用，和泽浩一样不喜欢文言文的同学大有人在。有一天，语文老师组织来一场阅读活动，主题暂且不表，首先让泽浩上台来读一段古文：

施氏食狮史

石室诗士施氏，嗜狮，誓食十狮。施氏时时适市视狮。十时，适十狮适市。是时，适施氏适市。氏视是十狮，恃矢势，使是十狮逝世。氏拾是十狮尸，适石室。石室湿，氏使侍拭石室。石室拭，氏始试食是十狮。食时，始识是十狮，实十石狮尸。试释是事。

泽浩在台上读完，台下的同学一片哄笑，因为大家听到泽浩只是不断地发出"shi"音，而完全不明白他究竟在读什么。老师这才在屏幕上给大家打出《施氏食狮史》这首著名的奇文——全篇仅92个字，全用"shi"音，光听完全不知其然，一看却是个完整的故事！

同学们被汉字的博大精深而震撼！"世界上没有一种语言会有那么丰富的内涵吧！"泽浩说道。

这节课给泽浩留下了深刻的印象，课后他查找了这首古文的相关创作背景。原来这是近代史上百科全书式的天才——赵元任先生在新文化运动时期所作。当时新文化运动兴起，很多学者主张说汉字太复杂，建议用汉语拼音来替代汉字，赵元任知道后没有公开发表意见，而是创作了这首《施氏食狮史》，大家这才深刻领会到汉字的魅力所在。赵元任先生是一名鬼才，精通8国语言和30种地方方言，涉猎数学、物理、音乐、哲学、心理、语言等多个领域，被誉为清华国学院四大导师之一，而且他生性活泼，是最早的"自拍达人"，给世人留下1万多张活泼生动的照片。按赵先生的话说，学习那么多东西都是因为"好玩儿"。最后他选定了语言学方面进行潜心研究，为中国语言学研究做出了巨大贡献。在著名哲学家罗素先生访问中国时，他作为翻译不仅把罗素先生深奥的思想进行传播，到各个地方演讲时还翻译成地方方言，以至于每个地方的人都误以为赵先生是他们的"老乡"。

泽浩深深地被赵元任先生如此传奇的经历和学习的热忱所触动，视赵元任先生为他的榜样，对文言文也产生了浓厚的兴趣。除了课本所学外，他把作者背景、时代背景也进行深度了解，如此一来，文章便不仅仅是印在纸上的汉字。"好像隔着时空和不同朝代的先知对话了。"泽浩说。有一次，他看到书上写着"执箸"，也就是拿筷子的意思，想到自己的家乡话里筷子的表达也是用"箸"，而"远上寒山石径斜"中的"斜"古汉语中读"xia"，也是家乡话的发音，原来自己的地方方言里包含了那么多古汉语，他觉得真是太好玩了。于是，泽浩越发沉迷于研究文言文了，透过国学经典，他深深地被历史上各种在民族危难之际挺身而出的人物所感动，也时常能感受到这份来自隔着时空的榜样力量。

随着积累的增加，他的作文不仅能旁征博引，而且立意深刻，不同于其他同学靠死记硬背堆砌的好词好句那般只浮于表面。

后来，泽浩更是以优异的成绩考取了重点大学的汉语言文学专业。"这都得归功于赵元任先生对我的影响。"当被问及华丽逆袭有何必杀技时，泽浩回答说，"虽然隔着时空，但榜样的作用太大了！""想想看，我们现在的条件比赵先生那会儿好多了，需要什么材料都能够通过网络找到，站在前人的肩膀上，我辈无法不努力！"

古今中外各个领域的名人轶事犹如浩瀚星辰，都足以成为我们的学习榜样。我们透过作品深入地了解作者的生平，细品人物传记，他们几乎无一例外地经历了各种磨难，却有着平凡而崇高的精神力量，犹如黑夜里的灯塔，在人类历史上留下熠熠生辉的故事和人性的光辉，引领我们前进。

可是还是会有人说，我们只是普通人，怎能和名人比呢？那我们来看另外一个故事。

（2）靠近优秀群体，成为榜样

聪儿是一位六年级的孩子，平时成绩中等、作业拖拉、容易畏难，不愿意过多挑战难题和有难度的新事物。暑假来了，聪儿越发懒散，每天睡到上午十点、十一点才起床，看看电视、打打球一天也就过去了。妈妈听说有个晨读的读书营，正在招募三年级以上的孩子一起在暑假的晨间进行晨读，时间段有7：30—8：30、8：30—9：30。

妈妈问聪儿参加哪个时间段的晨读。聪儿撅嘴道："这么早啊？我可醒不来！"看得出来，聪儿不想参加。妈妈没有强迫她。过了一会儿，聪儿看到自己的同班同学也报名参加了晨读会，而且是参加7：30开始的那一场，于是便也跟着参加了。

第一天，她起床晚了，当进入网络会议室时大家正在进行自我介绍，聪儿也匆匆忙忙地进行了介绍。她发现这次的晨读会小至二年级，大到初中都有人参加，形式也比较新颖，由一位妈妈做主持人，邀请一位同学领读其中的一篇，随后轮流来谈各自的感受、想法和收获。普通的一篇文章，因为大家各抒己见后互相吸收，并激发出不同的观点，聪儿越发觉得有趣了，她也发表了自己的见解，得到了大家的认同。第一次晨读会后，大家要一起约定明天的主持人、领读者、3名分享员和1名计时员，聪儿没想到大家异常积极，名额一下就被抢光了。

第二天，聪儿本还想赖床，但想到比自己小的弟弟妹妹都能按时起床参会，于是7点的闹钟一响她便起床了。洗漱完吃过早餐后，她便精神饱满地坐在摄像头前等待会议开始。等待期间，她还把今天要共读的文章浏览了一遍，写下自己的问题和启发，她发现这样进行共读时比第一天匆匆忙忙参加的效果更好了。这一次，她主动争取了做明天共读会的主持人。

第三天，作为主持人的聪儿严阵以待，不仅早起提前熟悉了文章，还写了主持的逐字稿，自己对着镜子念了一遍。读稿中透出的那股认真劲儿让妈妈非常惊讶：这还是三天前喊着自己起不来床的聪儿吗？晨读会开始了，聪儿主持得很顺畅，当把主持人的接力棒交到下一位主持人时，她心头的大石才算落地。下一次，她选择了做领读者，她决定要把所有角色都试个遍。

晨读完毕后，聪儿发现这才8∶30，好像已经完成了很多事情，顺势便把今天的作业任务先完成吧。于是，她集中精力在上午完成了作业，下午游泳、邀同学玩，一天下来，她感觉过得非常充实。

暑假过半，聪儿已经把作业做完了，而有的同学只顾着玩，一个字都没写！同学问及聪儿有什么好方法，聪儿让同学一起参加晨读会，"一日之际在于晨啊！"聪儿感悟道。

从聪儿的例子中，我们可以看到一个优秀的群体也能成为榜样，靠近这样的群体也能获得榜样的引领作用，从而帮助自己达成不可能的目标。而在群体的作用力下，你也会成为他人的榜样。当成为他人的榜样时，你就更愿意付出，更愿意克服自身思维设定的条条框框，突破不可能，为自己创造更多的可能性，在这种一路探寻可能性的精神引领下，专注力只是顺带的产物而已。

（3）公开自我承诺，让外界形成约束力

罗伯特·西奥迪尼在《细节》一书中记录了一个现象：每年有成千上万的商务会议、美发预约、餐馆定位、销售演示、看医生等场景出现被放鸽子的情形，英国的医疗行业甚至对病人爽约的总成本做了估算——大约每年8亿英镑，这仅仅是因为预约的人没有遵守承诺，这些钱就白白打了水漂。作者观察到，这些被爽约的医疗中心有个惯常的做法：给病人发一张预约卡，预约卡上写着下次就诊的日期和时间，而这些细节一般都是由前台接待填写的。作者做了一个小小的测试：让病人参与到预约的过程来，即邀请病人在预约卡上亲自写下下次的预约就诊日期和时间，这一做法使得爽约率下降了18%，而这一点成本都没产生，是"四两拨千斤"的做法。

在这里，作者使用了社会影响的一致原理说，即揭示承诺和一致性之间的关系。我们绝大多数人都有跟自己许下的承诺保持一致的强烈愿望，如果这个承诺是我们主动作出的、需要我们花力气参与而且被别人知晓的，那我们更趋向于遵守承诺。

把一致原理说运用在学习上也大有裨益，比如公开自己的学习计划与目标：每天坚持背20个单词、每天做一页数学习题、每天背一首古诗等，根据自身的情况设置比自己能力稍高一点难度、需要跳一跳才能够得着的学习计划或目标，并在后面加上"请大家监督"的语句，贴在自己的学习桌前。

主动作出公开承诺的力量如此之大，一开始是外界的声音对自我的学习形成了约束，但习惯一旦养成了，我们就会发现外界的声音越来越小，而自己内在的声音反而越来越大，更能专注于执行自己的学习计划和目标。

"播下一个行为，你将收获一种习惯；播下一个习惯，你将收获一种性格；播下一种性格，你将收获一种命运。"著名的美国心理学家威廉·詹姆斯如是说。只要我们以自己想要的方式行动，很快，我们就会成为自己希望的那个样子。

"我不再被情绪所影响"——找到不专注的内部干扰源

在小学低年级阶段,孩子学习时不专注的可能性因素大多来自生理层面的,比如大脑发育不完善导致本身的专注力时长不够;手眼不协调,以至于看起来比较拖拉,好奇心重,容易被周边的环境所吸引。然而,随着升入高年级,孩子步入青春期,来自心理层面的干扰因素对学习专注力的影响可能越发显现。

有一位读高二的A同学在网上发帖诉苦:他感到世界上没有人能理解他。身边的长辈常常和他说"只管学习而已,又不用你赚钱养家,哪有什么压力?""爸妈可都是名牌大学毕业的,你遗传基因那么好,读书条件这么好,不应该学不好啊!"他感到很焦虑,每一次考试,那些考得比他好的同学向他询问成绩时,透露出来的"终于超过你了"的感觉令他好屈辱,哪怕是好朋友的一句"没关系,下次继续努力"的鼓励都令他很崩溃。

在学校晚自习时,总是集中不了精神,感觉身边的同学做什么作业都很快，自己追赶得很吃力，而初中的自己也曾经是一名学霸啊，为什么会这样？一晃眼，晚自习时间又过去了，完全没有按自己的节奏来，明天的数学课老师还会提问，等会儿还要赶回宿舍洗澡，还得11点关灯……真是心力交瘁，像我这样怎么能考上一本，到时我怎么面对周围人的眼光，我爸妈肯定觉得脸都被我丢尽了……

A同学因学习上的压力而产生了焦虑、自我否定、紧张的情绪，造成了自我学习无法集中注意力，又不断地对客观的事件进行消极地解读和反刍，陷入情绪的深渊里无法自拔。班主任老师观察到他学习不在状态，便约他进行谈话。

班主任老师的一句"高中感觉到压力大是很正常的事情，不必为此而羞愧"，让A同学感受到被包容和接纳的力量。"有时候我们想要登上高高的山峰，自认为脚下的石头并不应该成为阻碍，但是它仍然需要你花费时间和精力去翻越它，我们每个人都会遇到这种'不就是小石头嘛，怎么我老是迈不过去'的时刻，这时我们一开始是愤怒，但那石头越变越大，我们越来越无助。"A同学觉得老师实在是说到了自己的心坎里。"如果你愿意，可以和我谈谈那个绊倒你的'石头'，我们一起来想办法对付它。"A同学渐渐地卸下了伪装的坚强，开始慢慢吐露自己的心迹。

老师很认真地倾听他的内心想法和感受，和他分析是他的学习情绪不在线才影响了学习效率，而不是方法的问题。"不要紧，虽然学习很紧张，但是咱们先解决情绪再解决问题，磨刀不误砍柴工。"一句句包容的话语令A同学深受鼓舞。

只要看见了问题所在，问题就解决了一半。老师帮A同学看到了实际干扰自己学习状态的是情绪，那么该如何保持自己的学习情绪一直在线呢？来看看解决方案。

（1）情绪容器法

英国精神分析学家威尔弗雷德·比昂（Wilfred R. Bion）曾对人类如何习得调节情绪的能力进行过研究。通过观察，比昂发现婴儿刚出生时是没有能力调节情绪的，像我们看到的一样，婴儿很容易被未经调节的情绪所淹没，并且通过哭泣、喃喃自语、肢体语言等方式表达出来，这些未经调节的情绪会被婴儿当作外来的异物，只适合被排泄出来，不能被思考。

这时，如果善解人意的父母接纳婴儿的这些情绪，给予包容、调节，尝试理解这些情绪并赋予意义，随后把这些返还给孩子，那么孩子将逐渐内化这个过程，并学会容纳自己的情绪，这种能力是孩子后天习得的。比昂把父母容纳情绪的能力比作一个容器，容器体积越大、内部越空，帮助孩子调节情绪的能力就越强；容器体积越小、容器内部父母自带的未经处理的情绪越多，就越不可能承接和容纳孩子的情绪。

比昂的研究给了我们两方面的启示：一方面作为家长，我们需要从孩子婴儿时期便关注到孩子的情绪，给予接纳和引导，培养孩子正确管理情绪的方式和方法。另一方面，不管是孩子还是成年人，都不可能再回到嗷嗷待哺的婴儿时期，那么我们可以尝试做自己的情绪容器，也就是自己分饰两角，既是容纳者，又是被容纳者。可以尝试以下的练习：

找一个安静的、令自己感觉舒服的地方，拉开窗帘，让阳光照进来。开始全身放松地靠坐在椅子上，闭上眼睛，保持自然而缓慢的呼吸。想象着阳光洒满自己全身，逐渐感到四肢、身体越来越暖和。想象胸膛上出现了一个透明的魔法瓶，什么形状都可以，想象那些糟糕的情绪被吸进了魔法瓶里，观察瓶子里的情绪：是什么形态？是什么颜色？有没有运动？有没有变成什么形象？你只需要静静地观察着这些情绪，什么都不用做，允许自己百无聊赖地待着，保持不要睡着。

老师给 A 同学介绍了此种方法，A 同学第一次做这项练习时，看到情绪时而暗黑时而墨绿，后来逐渐又变成了白色的气体，再变成了透明，感觉自己被接纳了，身体无比轻松。当然，不一定每个人在第一次练习时就有如此的感受，但无论有什么感受，请在做练习时接纳此刻的自己。后来随着练习次数的增加，A 同学逐渐地不需要借助外在安静的环境，而是在自己受到不良情绪的干扰时，闭上双眼，感受着呼吸，胸膛的那个魔法瓶便能打开，把他的负面情绪给吸进去，使他在学习时越来越心无旁骛。

（2）ABC 解读法

我们经常在学习路上遇到各种挑战从而陷入自我否定和自我怀疑当中。比如一次数学单元测验不及格，便联想到要是这是决定人生走向的中考、高考那该怎么办啊？或者自己拿手的科目失手了，觉得很丢脸，"老师一定对我丧失信心了，我考得那么差，他连话都不肯和我说了"。诸如此类的想法困扰着我们，尤其在考试后，存在大量的"注意力残留"现象，也就是无论考得好坏，还沉湎于过去的考试中，令自己无法集中注意力开启当前的学习。

事实真的如我们想象的一样吗？著名的心理学上的 ABC 理论指出：A 为客观事实，B 为基于 A 产生的想法，C 为造

第6章 升级专注力到更高的水平，让孩子学会自己解决问题

成的情绪。通俗的举例，今天刮台风了（A），其中一位想"又不可以出去踢球了"（B），好沮丧啊（C）；同样是今天刮台风了（A），另外一位想"今天不用去上班可以在家休息了"（B），好开心啊（C）。所以造成C的原因都并非直接为A，而是在A上所产生的想法B。

基于此，我们在遇到消极情绪的时候，则可以用到ABC解读法应对。

什么是ABC解读法？举个例子，期末考试前一晚拉肚子了（A），心想这可糟了，肯定影响明天的考试（B），好紧张啊（C）。这是真的吗？我们来换一下B，虽然今晚拉肚子了（A），但是幸亏不是明天呢，等会儿吃点药就好了（B），感觉现在舒服多了（C）。ABC解读法即凡事均看到积极的一面，以积极的一面来暗示自己。这种方法几乎可以用在所有不良情绪产生的时刻，运用的关键在于，分辨出是事实A还是想法B让你产生了这些不良的负面情绪C。有什么积极的想法可以替代消极的想法B？

正面管教里有个方法，叫"错误是学习的机会"。一开始令人很费解，错误不是都令人沮丧和痛苦的吗？为何说是学习的机会呢？其实也是基于这种ABC解读法：正因为有错误的暴露，才有机会进行修正。改变了B以后，就会得到完全不一样的C了。

（3）情绪缓解法

那么，我们是否要完全打压消极情绪，只要积极情绪呢？当然不可能。消极情绪不能完全消失，哪怕你伪装，也只是被藏起来而已，它并没有消失。事实上，感受到多种情绪，包括积极情绪和消极情绪的人，会比只有积极情绪的人更加健康。我们进行情绪的缓解需要的只是降低消极情绪对学习的影响，并延长积极情绪作用的时长。

那么要怎么做呢？

第一，放下对自己的批判。不要为自己产生愤怒、悲伤、嫉妒、焦虑这样的负面情绪而感到羞愧。要知道，愤怒可以让你产生边界，提醒你保护自己；悲伤能让你记忆深刻，收集信息和细节的能力变强；嫉妒也有良性的一面，可以转化为自我学习和提升的动机；焦虑提示你关注焦虑背后的问题根源。无论产生了何种情绪，它来了，便敞开自己欢迎它，情绪来了也会走，你还会在那里，归于平静。

第二，调用积极的情绪。最常感受到的积极情绪有愉悦、感激、宁静、希望等。这些积极的情绪能冲淡你的消极情绪，让你更开放、更具创造力。研究发现，当你感受到积极情绪时，你的视觉注意力范围会上升，学习方面的专注力会提升，成绩也会更好。当遇到学习上的难题时，不妨回想

升级专注力到更高的水平，让孩子学会自己解决问题

一段带有积极情绪的回忆，让自己在更开放的状态下迎来新的解决方案。

第三，记录自己的情绪。可以通过写日记的方式记录自己的情绪，情绪一旦被记录、被看见，那么消极的一面会得到很大程度的缓解，而积极的一面也会得到不同程度的放大。事实上，写作是自我疗愈的一个重要途径。娜塔莉·戈德堡在《写出我心》中记录了自我疗愈的过程，在那个过程里，"你与星辰、当下那一刻，或饭厅天花板上的水晶吊灯，豁然结盟了，你的身体张开、说话了"。

第四，通过运动调节情绪。运动，哪怕最简单的走路，都能起到调节情绪的作用。哈佛大学医学院教授约翰·瑞迪在《运动改造大脑》一书中记录了一个案例：美国纳帕维尔的一所普通高中，因为体育老师每天早上要求学生跑1 600米，但不是要求学生跑得有多快，而是要求平均心跳达到每分钟185次以上。训练了很长一段时间后，发现这所普通高中的学生阅读能力提高了17%，并且在TIMMS这种全方位、全世界竞争的考核当中成绩得到了大幅提高。事实证明，运动在强身健体的同时，也在锻炼着我们的大脑，起到缓解情绪压力、增强大脑活力、提高学习专注力的作用。

第五，时常做高能量姿势。什么是高能量姿势？像神奇女侠那种，叉着腰，昂首挺胸的姿势，或者像球场上进球后

215

振臂高呼的姿势,哪怕只是上课时坐直、挺挺胸膛、昂昂头等动作,只要是向更大的空间进行延展的扩展性姿势,都属于高能量姿势,会让人感到强大、放松、温暖。埃米·卡迪在《高能量姿势》中论证了这种身体姿势的改变对心理的影响,通过做这种高能量的姿势能够快速地调整自己的状态,让自己进入良好的工作和学习当中,从而更加专注和高效,是保持自己学习情绪在线的一个小法宝。

3 "我来当故事里的主角"——让专注在创意中越来越稳固

有家长说，我的孩子看故事书、听故事都非常入迷，经常看得听得都出神了，在故事里学到的知识也特别令他印象深刻。为什么故事能这么吸引人呢？要是能把这种对故事痴迷的"劲儿"运用在学科学习上，那岂不效率倍增？

那我们就来思考是否能将故事的吸引力迁移到学科的学习上来。首先，来看看我们为什么都喜欢听故事？

著名以色列历史学家尤瓦尔·赫拉利在其畅销书《人类简史：从动物到上帝》中阐明了一个观点：人类之所以成为地球的主宰，就在于人类能创造并且相信"虚构的故事"。虚构的故事让人类不仅拥有想象，更重要的是能"一起"想象，不仅能集结大批人力进行灵活合作，也能和无数陌生人进行合作。无论是现代的国家、中世纪的教堂、古老的城市或者古老的部落，任何大规模人类合合作的根基，都在于某种只存在于集体想象中的虚构故事。尤瓦尔·赫拉利认为："人类的基因演化仍然一如既往慢如蜗牛，但人类的想象力却极速奔驰，建立起了地球上前所未有的大型合作网络。"

不管你对尤瓦尔·赫拉利的观点是否持认同态度，但我们人类喜欢听故事、喜欢讲故事是不争的事实。原因在于好的故事具有曲折的情节、丰富的情感、生动的细节，让你具有画面感和代入感。美国学习专家爱德加·戴尔最早提出的学习金字塔理论显示，如果一个人在学习时能调用的感官越多，那么学习的成效就会越显著。听故事或讲故事的过程，可以调动学习者的听觉、视觉感官，更有利于知识的吸收。而用讲故事的方式倒逼孩子输出知识，更是把知识的掌握率提高到 90%，无怪乎大家都喜欢用听故事和讲故事的方式进行学习。

现在学习资源异常丰富，很多做汉字、英语、思维等学科启蒙的 App，大多使用丰富的画面、引人入胜的故事情节引导孩子一边看一边学习。现在还兴起儿童剧本杀，通过服饰、声音、对白等方式充分调动孩子的各路感官，这些方式作为启蒙阶段的学习确实能起到不错的效果，大大地提升孩子的学习兴趣。随着学习难度的增加，时间和资源的分配越来越紧张，可能参与这些活动的机会也大大减少，但依然可以借用这种"剧本化""故事化"的方式，在思考的洪流中为知识的学习加点"戏"，而这也不失为一种有趣的做法。

现在，想象你是即将继任下一届国王的王子/公主，你需要充分学习来应对如何处理国事，你的身上既有千万黎民百姓的殷切希望，也有来自觊觎你王位的叔父们的压力，他们完全不相信你这个黄毛小子/丫头能治理朝政。你必须在短时间内掌握这些知识，迎接王室的大考，你要为了你父母亲的荣誉而战。

清晨的阳光照耀大地，你在宫廷的奏乐声中醒来，你想赖床，"不，身为尊贵的王储，不能有'赖床'如此俗气的做法。"

你开始用膳，注意保持仪态的优雅。换上一套精神的服装，来到书桌前，挺起腰杆，今天你需要学习的是政治、数学和化学。你的专属老师进来向你讲授知识，你继续保持优雅的坐姿和专注的神情，此处应有一个大特写。

学习时有困意来袭，记得提醒自己："想要做一代明君造福子民，不能让这区区瞌睡虫误了国事。"当考试做错题时，不要气馁，不要哭泣，而是冷静地对自己说："本王子/公主以后可不能再犯这错误了。"

当面对堆积如山的复习材料时，你要学会保持耐心："治理国事当然不是一件容易的事情，可是再繁重，只要一件一件地处理，我是可以完成的！"

一开始，你跟跟跄跄地学习怎么做一名王子/公主，受尽了嘲笑和打压。渐渐地，你习惯了在一次次的挫败中振作起精神，你明白了你不是一个人在战斗，你的身后是千千万万的黎民百姓，他们需要一位明君带领自己创造更好的生活。那些等着看你笑话的叔父们越来越觉得你不能小觑，甚至开始为你强大的精神意志所折服，开始来帮助你。你越来越充满斗志，你开始完美逆袭……

也许，现在你在演绎一位伟大的科学家的童年故事。你一开始看起来有些愚笨，老师上课讲的内容你一概不明白。在一次班会时，你看到老师在和父母说着什么悄悄话，当你问母亲老师说了些什么的时候，母亲回答你："老师说，你可能是一名天才。"于是，你相信了。你开始专注在自己最感兴趣的物理方面，你捣腾很多实验去证明书上的观点是否正确，你越来越多地展现物理上的天赋，甚至还在课堂上就老师的说法提出疑问。你开始完全改变，变得自律上进……

现在，你又是一名初出茅庐的小伙子/小丫头，你在无意中获得了一本武林秘籍，将习得天下最厉害的武功，惩恶惩奸，成为一代宗师。这本武林秘籍就是你的课本知识，你一开始看不懂，但是遇到了好的老师，他们一步步传授武功心法给你。你虽然生性憨厚愚笨，但是却有着异于常人的坚韧，凭着这股坚韧，你越来越进步，同僚们也都对你刮目相看……

以上，可称为"王子/公主学习法""科学家学习法""武林高手学习法"，或者其他你喜欢的角色和剧本。看到这，有人疑惑了：如此滑稽的做法真的有用吗？

在心理学上有一种"皮格马利翁效应"，也叫"期望效应"，指个人的表现会受到其他人（特别是权威人士）的暗示和影响，当然也会受到自己的暗示和影响，也就是说我们会被影响，成为我们自己或别人所预期自己成为的样子。

美国心理学家罗森塔尔曾做过一个有趣的试验：他对一所小学中的6个班的学生成绩发展进行了预测，并把他认为有发展潜力的学生名单用赞赏的口吻告知学校的校长和有关教师，并再三叮嘱对名单保密。实际上，这些名单是他任意写的。出乎意料的是，8个月以后竟出现了令人惊喜的奇迹：名单上的学生个个学习进步，性格开朗活泼，求知欲强，且与老师感情很好。

原来，这些教师得到权威性的预测暗示后，便开始对这些学生投以信任的目光，态度亲切温和，即使他们犯了错误也相信他们能够改正。正是这种暗含的期待和信任使学生增强了进取心，使他们更加自尊、自爱、自信和自强，奋发向上，故而出现了"奇迹"。这种由于教师的期待和爱而产生的效应，罗森塔尔借一位神的名字将其命名为"皮格马利翁效应"。

把自我的学习想象成剧本里的主角，其实就是在利用"皮格马利翁效应"，在自我暗示中成为自己想成为的那个主角。当你想象这位主角如何披荆斩棘的时候，像有个摄像头记录你付出的汗水，你的辛劳都有人看见，你的专注力也就越来越牢固了。那么，我们现在就把创意玩起来，写出好玩的剧本吧。下面，我们来注意写自己剧本的小细节：

第一，选定角色和人设。可以是你喜欢的历史人物、卡通人物、电视剧人物、虚构的人物。思考这些人物有什么特点？哪些地方值得你学习？

第二，选定主题。今天这个人物要破解什么难题？比如你选的人物是"神探柯南"，那么可以选定一个主题是"解锁神秘的元素周期表"之类，也就是你要学习的内容。

第三，仪式感进入。我们可以给"入戏"编排一个仪式感，比如在穿戴、发饰上体现该人物的标志性物件，或者在心里默念这个人物要出现时的一段特有的开场白。"神探柯南"可能得拿上个放大镜吧。

第四，设计曲折的剧情。想好第一部分会遇到什么难题，比如"神探柯南"发现地球上存在着其他星球没有的很多特殊元素，这是让地球能够成为地球的其中一个原因，但是现在地球上的元素周期表丢失了，你是世界上唯一看过的人，现在需要你把它默写出来。你把它默写出来后，发现了元素周期表中的更多秘密，比如同素异形体、化学方程式等，你在剧情中变得越来越专注，开始能够解释很多生活中的现象（做完了当天习题），渐渐名声大噪。

第五，带着仪式感出戏。完成今天的主题后，来一节下期预告（预习），让大家期待"柯南"还会遇到什么问题，他是怎么解决的。请观众放心，有"神探柯南"在，就没有破解不了的案件（为自己下一步继续树立信心）。最后，记得"出戏"，回归原本的生活。

用这样的剧本来思考学习，你"入戏"了吗？总而言之，发挥你的创意吧，细节想象得越充分，自己越是能专注于自己饰演的角色。把看似枯燥的学习变成好玩的剧本吧，发现乐趣，专注当下。

"我喜欢这样的任务"——思考套路化，我的专注很简单

经常有家长对孩子痴迷游戏感到很苦恼，满腹抱怨："瞧瞧我们家孩子，你说他学习不专心吧，他打起游戏来那叫一个专心致志。""是啊，打起游戏来喊啥也不应，完全进入忘我状态。我看让他打上三天三夜也不会肚子饿！"

为什么孩子打游戏能够进入那么入迷的境地，学习却难以沉下心来呢？因为游戏在设计上就套路了大脑。

那么，游戏究竟是怎么把自称聪明的人类大脑给"套路"了呢？这套路的三个关键点分别是：任务清晰、能力匹配、刺激度高。

首先，任务清晰。一打开游戏界面，请问你会感觉迷茫困惑吗？一点也不。因为游戏都帮你设计好了，今天的任务是什么，你的目标是什么，全都给你列举出来，一目了然，你一进入游戏界面就有事可做。并且，在每完成一个小任务的时候，都能够给我们一个即时反馈。也就是说，大脑只需要根据任务清单行事，不用过多思考下一步要做什么，还能有即时反馈，这不正是聪明又懒惰的大脑所喜欢的吗？

升级专注力到更高的水平，让孩子学会自己解决问题

而反观我们的日常学习，没有人提前帮我们设计得如此到位。我们需要自己思考下一步要做什么、怎么做、这样做有什么效果。未知数太多，任务间的切换需要耗费意志力，那么也就让专注力有了跳脱的机会。

所以，清晰的、无跳脱机会的简单任务安排是我们获得持续专注力的核心要素之一。

其次，能力匹配。假如你是一名50级的玩家，给你匹配一个1级的玩家，你肯定觉得根本不是对手，那么就会产生无聊的感觉；如果给你匹配100级的玩家，那么你又会觉得完全被碾压，胜负毫无悬念可言，从而感到焦虑，想放弃。只有给你匹配个旗鼓相当的玩家，你才会有沉醉于其中的感觉。

也就是说，我们需要有一个契合自己能力水平的位置，无论太难或者太简单，都无法让我们保持专注的状态。这是为什么？这就是前面章节提及的心流，心流的通道位于挑战和任务均适中的位置，既不会让你因过度焦虑而想放弃，又不会因为任务简单而感到无聊。游戏的设计者正是抓住了这一点，才让你陷入心流的状态无法自拔。

但现实中，很少有人能给我们量身定制一套任务难度完全匹配的系统。我们可能只大概知道一个模糊的目标，比如要考大学，而这个目标太宏观，我们朝着这个目标做的程

度如何，进度如何，差距如何，变量有哪些，是否都是我们能力所在，仿佛很难有一个精确的判定，完全跟着感觉走，走着走着便容易被其他事物吸引，渐渐专注力就难以持续集中了。

最后，刺激度高。前面两点说的主要是任务层面的差异，而刺激度才是游戏和学习间的最大差异点。在游戏中，有跌宕起伏的情节、精美的画面、身临其境的音乐……这些都在强烈地刺激着我们的感官，把我们的专注力给牢牢抓住。

而在学习中，大多数任务都以文字或听讲的形式展现，如果遇到需要重复记忆的内容，需要一次次地背诵记忆，难免出现枯燥乏味的情况，这些都是刺激度低的事物。在这种情形中，我们的专注力便容易跳脱出来，从而出现"走神"的现象。那么，可以借助游戏的设计思路来"套路"孩子的学习吗？我们来看看五年级的小飞的故事。

小飞的爸爸是一名游戏设计师，深知游戏之所以能让人不能自拔的关键所在，于是便想给小飞来一套这样的"学习游戏设计"。但他没有直接设计这一套流程，而是用启发式的提问让小飞自己来设计。

"小飞，你看我们现在升入高年级了，学习任务多了起来。按我们行话说就是升级了，这'怪兽'也自然更难打了，咱们得同步更新装备、调换任务。"

"老爸，这是要给我报补习班吗？我可不想上补习班了。"

"不用，咱们自己设计就好了。教你几个老爸在做游戏设计时候的思路，你照着来设计你的学习任务，就又简单又好玩了！"

"噢？还能这样玩？那老爸你快说说！"

"第一个思路，我称它为'2W2H'，就是'When'（什么时间做）、'Where'（哪个地方做）、'How'（具体做什么）、'How much'（完成的进度）。举个例子，当你打开游戏界面的时候，上面显示如下：

> When：每日
> Where：本机副本 2 ~ 3 通关
> How：完成冒险副本挑战等任务
> How much：完成今日活跃值

"放到学习任务上，你可以给自己列一个简单任务表。用'2W2H'的方法先列出来，你试试看。"

小飞按照爸爸的提示，设计了如下内容：

任务清单	When	Where	How	How much
背英语对话	明早6:30	家里	App听+读+背	第13单元
做数学作业	下午5:00	托班	学校作业+课外练习5页	学校作业+课外练习5页
写作文	晚饭后10分钟开始	家里书桌前	回家路上构思、饭后写提纲，开始写	完成一篇作文

第二天，小飞按照自己设计的表格安排学习，清楚地知道什么时间在哪里要做什么了，因为精力很集中，效率也高，每做完一项就打个勾，基本把任务完成了。但是他还有一丝沮丧，就是数学题他只做了1页课外题，没有达成5页的目标，问爸爸怎么办。

"这就关乎游戏设计的第二个问题，升级打怪得一级一级地升，比如爸爸做俯卧撑，每天增加一个逐渐增到每天50个就好，玩家要匹配自己的能力才能打得爽，循序渐进地来。看看安排5页的"打怪量"是否超出你的能力范围了？"

"我算一下，在托班是1个半小时，每学25分钟休息5分钟，要减个15分钟，剩下的1小时15分钟，完成学校作业用了40分钟，剩下35分钟，一页课外题用了20分钟，我最多才能做2页，怪不得我做不完呢。那我先设1页课外题，剩下的时间我整理错题或预习之类。"

"哟，看上去不错嘛。不仅知道使用25分钟的番茄钟原理，还懂得留下15分钟的留白时间，有意思。试试看怎么样。"

第三天，小飞回家后兴奋地和爸爸说："爸爸！我今天不仅完成了任务，我还多做了1页的课外题呢！"

"这可是大惊喜呢！快说说，你是怎么做到的啊？"

"我想着按我昨天的速度，完成任务肯定没有问题，所以就不慌不忙了，没想到今天做题更顺了。也有可能是我昨天预习了，今天的课听得特别明白，所以学校作业做得特别快，25分钟就做完了。课外题也做得快，于是就做多了一页，还剩了10分钟预习。"

"恭喜你！通关成功！而且这是连过两关啊！"

"嘻嘻，我的游戏设计得好吧？爸爸，那设计游戏还有啥秘诀吗？"

"问得好。看得出来你现在做题有些上瘾了，但就像我们设计游戏，要留有悬念，如果游戏对大脑的刺激度太强，长时间持续地玩，大脑也会疲惫的。所以我们不要让大脑感觉疲惫，像你今天做题做得成就感那么高，估计明天你会想再冲刺第3页，这样大脑就容易疲惫了，所以我们把度控制在这儿就好了。"

"好的，做到松弛有度。那我今天学习任务都完成了！能安排玩一关游戏吗？嘻嘻！"

"可以啊，劳逸结合，学习的时候认真学，玩的时候才能专心玩。还有一点安排得不错，先学习后游戏，因为学习比游戏的刺激度小，如果先游戏后学习，从刺激度高的情景转到刺激度低的情景，你学习的效率就不可能那么高了。这也是'由俭入奢易，由奢入俭难'的道理所在。"

"爸爸，我觉得这样把学习安排好后，我能做特别多的事情，原来一天能做那么多事，还能玩到游戏！要知道我的同学都偷偷玩，每天都和家里吵呢！"

"是的，我们只要有计划有安排，学习任务重也是能够忙里偷闲的哦！爸爸可是到初中才研究了这方法呢，所以大家就又羡慕我学习好，又羡慕我玩得好了。"

"我也要像爸爸一样，学得好，玩得好！"

来总结一下小飞的方法有何"套路"！

①设计任务。使用2W2H方法设计任务，把学习日任务清晰化、程序化。

②匹配能力。复盘2W2H的实践效果，复盘直至调整到匹配自己能力的程度，注意时间安排上要留白。

③从低刺激度进入。先安排学习，后安排玩乐，从低刺

激度到高刺激度。

也许你会觉得这个方法简单，但简单的方法重复用，便能产生惊人的效果。试试看，用设计游戏的方式去设计你的学习，会有什么效果。我们学习并不都只能是被动学习的，从小开始"套路"学习，主动参与学习的设计，增强了孩子的自主性，既提升了主动规划能力，又使学习变成一件好玩的事情。而这种规划的能力带给孩子的提升，可远不止学习成绩本身，更有利于在日常生活中提高自理能力。从长远看，主动规划的能力也将成为孩子受益终生的能力。

5 "我再也不怕走神了"——让孩子学会神游时怎样回到专注

有家长抱怨说，好不容易看到孩子坐到书桌前了，但是却一会儿玩玩笔，一会儿翻翻别的书，提醒他说"别走神"，他就很烦躁地说"知道了"。这都初一了，打也不是，骂也不是，千万不要和他说学习，一说他就和你急，真是让人头疼。

其实，"走神"还真不是孩子的错。成人在工作的时候，不也经常出现"走神"的情况？有可能是因为前一晚没休息好；任务重复、机械感到无聊；心里想着家里的油米没买记得趁有活动赶紧囤货；都换季了要给自己买几件衣服；昨天和老公说话他好像都跟没听见似的，你说他这人怎么这样啊……天啊，我在干什么啊？又走神了！

以上场景是否似曾相识？成人尚且如此，更何况还在生长发育的孩子。丹尼尔·卡尼曼博士在《专注》一书中说道："世界上最吵闹的并不是周围人的喧哗，而是我们内心的窃窃私语。"脑神经科学家甚至认为，"神游"才是大脑的默认模式，人们半数以上的想法都来自大脑的神游。

既然神游如此普遍，我们还能从神游模式切换回专注模式吗？答案是可以，只是需要出动我们大脑的"监工"——元认知。那么，什么是元认知呢？

　　瑜伽课的最后一个动作，通常会以"躺尸式"结尾，就是全身放松、四肢张开呈"大"字形躺在垫子上。瑜伽老师会引导你关注自己的呼吸，慢慢地用意识扫描自己身体的每个部位，甚至还会让你关注自己身体疼痛的部位，"看着它，伴随着呼吸，把它放松掉"。渐渐地，你可能会想睡觉，瑜伽老师又会引导说："保持不要睡着，你可能会走神，当你发现你走神了，只需要轻轻地回来继续观察着你的呼吸。"就那么一个看似简单的动作，却被瑜伽大师们喻为"最难的动作"。其实这里的"难"当然不是指这个只是躺着的动作，而是你要"保持专注地察觉你的身体"，这个"察觉"的动作施展者是谁？你可称之为内心的声音、你的意识，这个独立于你的"你"便是元认知。"躺尸式"的难，便难在它在训练你的元认知。

　　这样说可能有些玄乎，再举个浅显一点的例子：同样看一部电影，有人总是随着情节的起伏而情绪起伏，时而哭时而笑。而有些人看电影却在理智思考：这个情节是否合理？编剧这样设计如何巧妙？画面感如何？演员演技如何？为何别人感动我却没有感动？是音乐还是故事脚本让大家感动了？这类理智思考的人真是"人间清醒"，他们总是多角度地来解读一部电影，并能看到自己的感受和体验，平平无奇的情节或动作都能被解读出深意来，所以，看完电影，再看看职业影评人的评论，就能让普通人的认知有相当的提升。像这种"跳出自己"来观察自己思考状态的行为、认知，对思考过程进行观察、感知和评价的过程，便在动用你的元认知能力。

那么，元认知是如何帮助我们从走神状态回到专注状态的呢？这方法简单得令人难以置信——看见你走神了。

是的，你没有看错，只需要让元认知"看见你走神了"，你便能幡然醒悟，回到你专注的事情上来。我们来重点关注如何启动和提高我们的元认知能力。

（1）呼吸训练，刺激前额皮质

大脑神经系统有个区域叫"前额皮质"，主要控制人体运动，比如走路、跑步、抓取、推拉等，这些都是自控力的表现。它能控制我们去关注什么、想要什么，甚至影响我们的感觉。因此，想要启动元认知能力，要先刺激我们的前额皮质，让前额皮质进入高速模式，进而使大脑处理事情的区域稳定下来。而简单的呼吸训练就可以起到刺激前额皮质的作用。

首先，原地不动，背挺直。尝试现在原地不动，背挺

升级专注力到更高的水平，让孩子学会自己解决问题

直，安静地闭上双眼。试着放空自己，让自己安静下来。练习期间保持内心平静，保持简单的静坐是保证训练效果的基本前提，这使我们不再屈服于大脑和身体产生的冲动。

其次，训练腹式呼吸。现在，把注意力放到自己的呼吸上，默念"吸气"并伴随着吸气，感受自己的腹部轻轻隆起；默念"呼气"并伴随着呼气，感受着自己的腹部收缩，往后背贴紧。一开始可能气息还不能深入腹部，但不要紧，只需要保持呼吸，直至感受到气息流到腹部，感受到腹部的起伏。每天坚持这种呼吸训练，就能使前额皮质进入高速工作状态，让大脑集中精力处理当下的事情。

最后，感受呼吸，发现并弄清自己如何走神。现在，呼吸的时候不需要再默念"吸气""呼气"了，只需要专注于呼吸本身。当发现自己有些走神了，接纳自己走神的当下，重新把注意力拉回到自己的呼吸上，如果觉得很难集中注意力在呼吸上，便去感受气息通过鼻腔的感觉，感受自己腹部随着呼吸一起一伏。这个步骤可以锻炼自我意识和自控能力，唤起元认知。

刚开始时，可以每天练习5分钟，也可以课前课后练习。锻炼的次数多了后，可以试着每天抽空训练10~15分钟。训练时间长了后，会改变自己的呼吸方式，提升自己的元认知和觉察力，也能更快地觉察到自己走神了，而只要发

现自己走神了，把注意力集中到呼吸上，便能重新专注于当下的事情。

（2）设置提示物

紫灵也是初一的学生，她为了防止自己读书时走神，给自己设置了一个计数器，一旦发现自己走神了，便按一下计数器，从而重新回到当前的学习上来。一开始，一个番茄钟里她会走神三四次，渐渐地，她只要瞥见这个计数器便能把自己神游的思绪给拉回来，再往后，她走神的次数越来越少，便不再需要这个计数器了。

在调整提升自己元认知的过程中，我们需要用一点"小伎俩"来帮助自己"看到自己走神了"。方法也很常用，便是在自己的书桌、课桌、文具盒、书签，总之一切你走神时眼光能接触到的显眼的地方，设置提示物或提示语，提示语的纸张尽量选择鲜艳的颜色，提示物可选择稀奇古怪的形状，能吸引眼球就行。提示语要简洁，能起到提醒作用，哪怕就简单一句"我看到你走神了"即可。为了避免大脑对提示语熟视无睹，可以经常替换提示语，但通常结合第一项的呼吸训练，你的觉知有了进一步提升后，提示语只是一种辅助提醒的手段。像紫灵一样，一开始使用计数器来提醒自己，渐渐地就摆脱了外物的监督，转化为内在的监督，这便也是从外向内走,提升了元认知的表现。

(3) 善用群体监督力

如果你觉得一个人学习容易走神,那两个人呢?一群人呢?可以约上同学一起学习,大家各看各的书,时不时可以对比一下进度。看到同学勤奋的样子,你也不好意思一直走神吧?有伴同行,其实学习便觉得没那么孤单了。而且,相比于家长的监督,同伴的监督一般不带有评判性,所以会更有效,让人感觉更安全,这么做也算是形成了一种无形的、可视化的监督力量。

无论是采用呼吸训练法自我刻意练习元认知,还是通过外界的人、物来进行监督提醒,目的都是在这个过程中学会调用元认知的能力。一旦元认知能力加强后,你的心专一处,只怕会逐渐爱上这种"与世隔绝"、沉浸式学习的感觉。这样一来,也便不再担心走神影响学习了。

6 "我能和压力和平相处"——让孩子练习在压力下恢复专注

有家长很疑惑：真不明白，现在的孩子为何压力那么大，有心理疾病的孩子的数量也逐年上升。我们那一代人当中哪有那么多事呢？这头被父母打完，那头又继续出去撒野了，回来再老老实实做作业，心里根本不会有那么多的压力。

要说为何现在的孩子比我们读书那会儿的压力更大呢？这问题在这里不进行深度的讨论，但有两方面的原因不容忽视。一方面是由于信息化的高速发展，在以前非信息化时代，村里能出一个大学生就是非常了不得的事了，现在无论你身处何方都能接受到来自全国甚至世界各地的学霸事迹，让家长和孩子都忍不住和他人比较，不仅同班比、同校比、同区比，还全市比、全省比、全国比，比较的群体越大，压力必然也陡然升级。另一方面是由于压力释放渠道变窄。以前我们的童年时代，无论是在农村还是小城镇，都没有那么多电子产品来吸引注意力，在外面和其他小朋友疯跑追逐是常态，在家也需要做很多的家务活儿。再往上一代，各种农活儿，甚至开山凿水库说来就来，要说有什么压力，都被大量的运动和劳动释放掉了。

所以,一方面压力水位日渐升高,另一方面排泄压力的通道变小变窄,这就无怪乎现在孩子的压力水平上升了。其实,每个时代的孩子都会有自己的压力,每个生活在这个世界上的人都有压力。重要的不是害怕压力,而是如何管理压力,如何在压力和焦虑的状态下恢复自己的专注力。

(1) 运动!运动!

人在压力状态下会分泌大量皮质醇,皮质醇分泌过多的人是没有自控力的。比如眼前有个汉堡,你非常想吃,但是被告知不能吃,于是你忍着不吃,继续做你手头的事情。这个时候就需要消耗你的能量,因为你要抑制你的冲动。当一个人体内分泌过多的皮质醇以后,就会觉得抑制体内冲动这件事显得特别累,必须赶紧吃掉,不吃就受不了,皮质醇的大量分泌使得他丧失了自控能力。所以,在压力状态下很难集中注意力。

而运动被证明是抑制皮质醇大量分泌的良药。哈佛大学医学院副教授约翰·瑞迪在《运动改造大脑》一书中记录了一个案例:有一位女士,她觉得压力巨大,因为她刚刚离婚,家里又开始装修,要支付昂贵的装修费用,还要和装修工人打交道,家里到处都是粉尘,脏兮兮的。她的压力大到令她开始酗酒,喝酒又让她收入降低、身体变差,压力反而变得更大。这是一个完全错误的解压方向。她来找心理医生咨询,心理医生只告诉她,你能不能在家里放上一根绳,当你感觉有压力的时候就开始跳绳。这位女士虽然将信将疑,但她也没有过多的钱去做其他治疗,买一根绳的钱还是有的,于是便按照医生的建议执行起来。几个月后,她告诉医生,她把酒戒了,心情非常好,她现在已经和过去完全不同了。

为何运动有降压的作用?从心理学的角度而言,运动能给我们带来掌控感。当我们感觉压力巨大的时候,往往是皮质醇分泌过多,觉得控制不了自己的时候,这时候我们需要一件事情来重新获得对生活的掌控感。从运动这个小小的切入口进入,重新获得掌控感,这种喜悦和快乐就能够很好地缓解压力。

所以,我们不妨给自己建立这样的脑回路:当我感到压力大了,我就去跑步/跳绳/游泳/瑜伽/跳操……而不是逛街/玩游戏/大吃一顿……这只是一道简单的填空题,目的是在压力状态下重新获得掌控感,而并非让一时的多巴胺消耗自己的身体或意志力,更加坠入压力的深渊。

(2)扫扫地,爬爬山

北京协和医学院心理学专家杨霞老师说,在过去的30

年间，她接诊过超 10 万的问题儿童，结果发现：很多孩子之所以专注力不行、拖拉不自觉、情绪不好，甚至厌恶学习，核心原因是在于运动和劳动方面过分匮乏。

曾经有一位妈妈因为孩子厌学的问题向杨霞老师寻求帮助，杨霞老师说："回头咱先别想着学习的事了，把家里的地先扫了，再每周一起去爬山锻炼身体。"就是这么简单的两件事，孩子渐渐地重新获得了成就感和专注力。

儿童心理学家皮亚杰曾研究过，孩子的发育，最早是通过动作来发展思维的，越喜欢动手的孩子，大脑发育越完善。孩子做家务，看上去是动手，实际上是在动脑。

如果我们在此刻感到压力巨大，不妨放下学习任务，把书桌好好整理一下，把灰尘擦干净，把一本本书、练习册放回书架，看着整整齐齐的房间，这压力也就释放一大半了。

（3）喝一杯水吧

是的，没看错，感觉压力大的时候就喝一杯水吧，这真是一个简单易行的方法。我们人体是由大量的水组成的，所以当你感觉到焦虑或压力大的时候，喝水也能成为缓解压力的有效途径。试想下，如果你在缺水的情况下还在拼命学习、走动，你会变得压力更大。而如果你在口渴的时候再喝一杯可乐或咖啡，你会感觉更加口渴，因为你身体的水分流失得更多了。

所以，如果在某一个时刻感到压力很大，非常焦虑，无法专注，也没有机会采取运动或劳动来缓解，比如在考试的时候，那么就缓慢地喝一口水吧。记住，是水，不是别的饮料。

(4) 曼陀罗绘画

曼陀罗绘画是由心理学家荣格从东方宗教引入西方心理学的，被荣格称为"心灵能量"。它是在一个"圆"里进行绘画创作，圆的里面代表着人的内部世界。在创作的过程中，个体专注于内在，使得某些潜意识的内容或情结自然地与意识进行交流。

曾经有一位心理老师到小学组织1 000多名学生同时进行曼陀罗绘画，画完后想邀请20位同学上台分享，却有100多名同学想上台分享，校长为了维持秩序，就让部分同学下台。但台上始终有一位同学不肯离去，他把麦克风拿过来，迫切地表达道："原本我有自杀的想法，但是画完这一幅画，我不想死了。"台下一片哗然。

对着曼陀罗图形沉思或者着色，人会在不自觉的涂绘中安静下来，进入圆满完整的内在探寻与整个外在世界的和谐状态中。所以，曼陀罗绘画可以帮助我们安抚混乱的心灵、排解压力、平衡身心，也让我们重新回到专注的状态中。

升级专注力到更高的水平，让孩子学会自己解决问题

7 "我能长时间保持专注啦"——几个小工具，让孩子专注力一直在线

经过前面章节的论述，我们都明白了专注时间的长短在一定程度上响应了孩子的学习效率。当然，这里指的是有效专注力的长短，而不是指你坐在书桌前，思绪却神游至远方所花费的时间。

专注力也是一种资源，我们在工作学习中要善于分配专注力，像学习这种需要长时间付出的系统工程，需要充分调用每一分的专注力，每天付出一个小时学习相较于一天学习16个小时而言，也是更好的选择。像"临时抱佛脚"的做法看似集中付出了很多的时间，但是却对专注力造成了损害，每当考完一场试便让你很长一段时间不愿意再重新拾起书本，因为"临时抱佛脚"的做法让不喜欢繁重任务的大脑产生了"学习真累"的感觉，而更趋向于不愿意付出长时间进行学习，从而导致拖拉的情况出现。看看每逢寒暑假快结束时，有多少孩子在最后两三天赶着完成寒暑假作业，恨不得手抓两支笔来写便知道了。

有同学诉苦：那么长时间的学习真是令人好痛苦啊！有什么办法可以帮助孩子在长时间的学习中保持专注力吗？

（1）巧用番茄钟

事实上，长时间的学习是一个相对的概念，何为"长时间"？对于一位3岁的孩子来说，如果要求他在书桌前安静地看10分钟书已经算是长时间了，而对于成人而言，这10分钟的"长时间"又未免过短，但是让一位成人连续看书三四小时，中间不休息，也会头晕目眩吃不消。所以说，长时间的学习因人而异，并且并非指时间持续毫无间断的学习。

也许，番茄钟可以帮助大家解决这个问题。一般说来，一个番茄钟的时长为25分钟，每完成一个番茄钟可以休息5分钟，每完成3个番茄钟可以休息15分钟，如此便能保持工作学习的专注力一直在线，而又不至于搞疲劳战使得身心疲惫。值得注意的是，未成年人的番茄钟并非25分钟，而是"年龄×2"，即如果一位3岁的孩子，他的专注力时间是6分钟，所以不能直接采用成人番茄钟的25分钟来要求孩子。

此外，在使用番茄钟时有两点需要注意。第一，25分钟的番茄钟时间是指一般情况下，而不是完全不能变通，如果你已经习惯了 25 分钟的番茄钟节奏，觉得并不想停下来，那么可以把番茄钟加到 30~40 分钟，后面我将会讲到什么时候停止会比较合适。第二，在这 5 分钟、15 分钟的休息期间，建议采取积极的方式给自己的身体和能量做快速的补给，因为集中专注力的学习会消耗身体的能量（主要是葡萄糖）。比如，在休息期间适当吃一点水果、黑巧克力等食物。

番茄钟的工具有很多，孩子可以使用计时闹表，也可以采用番茄钟 App 等小工具来帮助自己管理专注力，App 里限定完成和未完成番茄钟时的奖惩程序，帮助孩子养成提升专注力的习惯。在这里推荐一款非常实用的管理专注力的小程序——"专注力 UP"，里面是一位潜水员进行潜水，可以灵活设置"潜水"时间，每次完成后都会有一句鼓励的话语呈现给你，这对喜欢激励的大脑而言是很好的精神食粮。

（2）利用惯性的力量

2 岁的谦谦有一天晚上不肯睡觉，正好那晚妈妈不在家，奶奶以为谦谦是妈妈不在家的缘故才不肯睡觉。当奶奶问他是不是因为妈妈不在家要等妈妈，谦谦直摇头说不是，然后拽着奶奶走到绘本架前拿起一本书要奶奶读。原来，妈妈每天晚上都会给谦谦读绘本，奶奶不知道这个

"流程",可把小家伙急得睡不着觉了。

研究表明,孩子的秩序敏感期从 18 个月就开始萌发,这个时候给孩子建立规律的生活习惯,让他能迅速养成良好的习惯为以后的生活、学习奠定基础。而且有规律的生活也是孩子安全感的来源。

牛顿第一运动定律表明:任何物体都要保持匀速直线运动或静止状态,直到外力使它改变运动状态为止。这也称为惯性定律,也就是说:运动的倾向于运动,静止的倾向于静止。这之于万物具有相同作用的定律对于人而言也同样适用。同时,惯性定律也是一把双刃剑。

静止的倾向于静止。对于培养习惯而言这是个不好的消息,说明人都有惰性。如果不去行动,那么就倾向于待着不动,如此便产生拖延。无怪乎有家长反馈自己的孩子作业不是做得慢,而是一直东玩玩、西弄弄,非得快睡觉了才匆匆忙忙行动起来,但作业没一会儿就做完了。这里的外力是"最后期限",即睡觉时间快到了。对此,我的建议是在内心设置另外一个比实际最后期限提前的最后期限,比如最迟 10 点要睡觉,那么内心的睡觉时间可以设成 9 点 45 分,如此便能把所有任务提前 15 分钟完成。

运动的倾向于运动。这对于培养习惯而言是非常积极的一面，因为这说明我们如果想前进一步，想进行工作和学习，就必须推自己一把。挑战就在于"动起来"而已。所以如果你不知道怎么开始才合适，那么就从"先去做10分钟""先坐在书桌前""先提起笔来写下第一行字""先抓取题目中的第一个已知条件"等你能想到的要做这件事的最小一步行动开始。只要动起来，惯性便成为你的朋友。很多人一直很憧憬自律的人，奇怪他们是如何做到早睡早起，坚持运动和健康饮食的？其实自律也是一种耗费身体能量和意志力的行为，你必须克制自己、鼓起勇气去做事情。而惯性就像一阵风，在背后推你一把，减少你的耗能，使你更愿意往前走。想要养成自律，我们要多多利用惯性的力量，而并非身体的能量。

正面管教理论中一项很强大的工具，便是制作"惯例表"，这可以帮助孩子和成人都利用惯性的力量养成良好的学习行为习惯。惯例表和平时我们列的计划表类似，有以下几点操作上的不同之处需要特别留意：

第一，应该是孩子自己根据目标自行制订，而非家长指派任务。哪怕是三岁孩子的睡前惯例表，也由家长提问孩子"睡觉前要做什么"来协助其建立惯例表，以增强孩子的自主性。

第二，惯例表制定后设置一定的观察时间。也就是要观察孩子是否能够按照惯例表行事，给每项任务的起始时间进行计时，看执行起来有无困难，从而进行相应时间安排上的调整。

第三，设置留白时间。注意不要把惯例表塞得满满当当，应当适当地让位给留白的时间，让孩子感觉始终有超预期完成的成就感。

如果错过了儿童习惯培养的关键期也不要紧，因为"种一棵树的时间最好是十年前，其次是现在"。惯性的作用一直在，追求秩序的需要一直存在于我们的身体里，只需要我们"动起来"。

（3）建造自己的"林间小屋"

1922年，在瑞士一个名为伯林根的村庄，著名的心理学家荣格建起一座简单的两层石头房子，并将其称作"塔楼"。在一次印度之行中他发现当地人有在家里开辟冥想屋的习俗。那次旅行之后，他便在自己的住所中开辟了一座私人办公室，作为自己保持深度思考的场所。

另一位名人比尔·盖茨则是用另外一种方式来进行深度思考。他每年都要进行两次"思考周"，在这段时间里，他会远离世事，通常是只在湖边小屋里读书、思考大局。

当然，我们一般人难以像荣格和比尔·盖茨一样有条件远离尘嚣到林间小屋里进行独立思考，可却不妨在内心世界里建造自己的"林间小屋"，让自己专注地在"林间小屋"里摒弃外界的干扰，进行思想的遨游。

> 四年级的子瑞每晚7点都在自己的书桌前，左手边摆好今天要完成的作业，正前方放着笔和要用到的文具，右上角放着水还有计时器，房间里点上橙花香薰，便自然地进入学习状态，除了中途上洗手间，他能在房间里安安静静地学习两小时。有人问到他为何能如此迅速地进入专注状态，他说："我只要看到书桌、作业、文具、水在同样的位置，闻到橙花的香味，即使那一刻还很想继续玩，可是也能迅速地让自己收心起来。"

子瑞其实无意中给自己建造了"林间小屋"。要说这"林间小屋"的建造可不是真的到森林里去建造小屋，只要我们创造固定的时间、固定的场景、固定的摆设、固定的气味，便能构造出远离尘嚣的"林间小屋"。想想看，你脑海里的"年"是什么样的？可能是大门上的春联、室内的年花、餐桌上各式各样的菜肴、春节联欢晚会、崭新的衣裳、装满瓜子果仁的糖果盒、红彤彤的红包、亲戚朋友的相聚，缺少一样仪式可能都让你感到"年味"不足。所以，所谓的"建造自己的林间小屋"便是为自己的专注学习建造专属的时间和空间上的条件反射,也可称之为仪式感。

人们常说生活需要仪式感,其实学习也是。让仪式感营造学习的氛围,帮助自己固定自己的学习习惯。修炼即当下,眼前即道场,无须开山辟谷,也能找到自己的"林间小屋",让自己保持在长时间专注的氛围里。

(4)什么时候停止

我们要想在长时间的学习中保持专注力,什么时候停止学习也非常重要。有人问,这还是个问题吗?长时间,顾名思义肯定时间越长越好啊,学到身体累了就停止好了。真的吗?

村上春树不仅是著名的作家,还是一名资深跑步爱好者,他还曾以自己跑步时的感受出了一本书——《当我谈跑步时,我谈些什么》。当中,我比较欣赏的一点是,他会在跑步感觉良好的时候主动结束,这样他就会对第二天的跑步充满期待。我们大脑记住某件事情的感觉可能只是开头和结尾部分,而并非事件本身。所以村上春树在充满愉悦感的时候结束,那么跑步这件事在脑海里留下的印记便是"愉悦的",从而让大脑更倾向于期待着去做这件事,这是很智慧的做法。

在需要长时间的学习中,可能一天的学习时间并不够,那么什么时候停止就显得非常重要。如果每次都大搞疲劳战和拉力赛，大脑会对学习这件事情产生厌倦感，更加不利于此后长时间的学习。所以，我们可以在完成了规定的学习任务量后，在某个学得入迷的时刻停止，这么做既容易在第二天继续延续良好的学习状态进行同样任务的学习，又能帮助大脑保持微兴奋的状态。

第 7 章
专注力训练游戏合集

日常生活中，我们通过寻常的游戏或者工具就能帮助孩子训练专注力，寓教于乐，可比一而再、再而三地耳提面命地提醒孩子要专注有效得多。下面将介绍几个经典的专注力训练游戏，根据孩子的年龄特点，和孩子一起玩起来吧！

1 专项游戏专注力训练

（1）指向型专注力游戏

指向型专注力指的是孩子能将自己的专注力指向一个目标。例如课堂上除了老师讲课的声音，还有窗外的脚步声、同学的讨论声，孩子能够将自己的听觉注意指向老师讲课的声音，而自动屏蔽掉其他声音，把注意力集中到老师的讲课上来。如果缺乏指向型专注力，可以通过听动反应的游戏来训练。比如：

▶ 给孩子讲一段故事，如：小猴的农场里长满了水果，有红红的柿子、大大的苹果、水嫩的鸭梨、晶莹的葡萄……小动物们都过来帮忙采摘，小猪帮忙摘葡萄，小兔帮忙摘鸭梨，小熊帮忙摘苹果……孩子如果听到动物名字，就要拍一下手。

▶ 和孩子玩一个游戏，如：家长开始随机说一串数字"1、2、4、8、12、16、21……"，和孩子约定听到有 2 的时候就跳起来，如果是大一点的孩子，还可以约定听到 2 或 3 的倍数时就跳起来，这个游戏可以和孩子轮流着来玩，增加趣味性。

▶ 抢凳子游戏：家长和孩子一起玩抢凳子游戏，如果是 4 个人玩，则摆上 3 张凳子；3 个人玩，则摆上 2 张凳子。播放音乐，并一起围着凳子绕圈，音乐停止时开始抢凳子。此类听觉与动觉互动的游戏，既有趣味，又可以帮助孩子提升指向型专注力。

（2）选择型专注力游戏

选择型专注力指的是在众多刺激目标中，选择需要注意的目标。比如家长经常说小朋友看电视时，怎么叫都没反应。这其实就是一种选择型专注力的缺乏，看电视占据了孩子的全部注意，使孩子无法选择注意其他信息。面对选择型专注力缺乏的儿童，可以玩以下游戏。

▶ "夹彩豆"的游戏：给孩子一盘混在一起的红豆、绿豆、黄豆，让孩子用镊子将红豆挑到一个碗里，绿豆挑到一个碗里，黄豆挑到一个碗里。如此反复的训练，一方面能提高孩子选择型专注力，另一方面也能提高孩子手部精细运动能力。

▶ "把玩具送回家"的游戏：给孩子一堆玩具，如积木、弹珠、弹力球、小汽车等，让孩子先分类，可以按照物件的颜色、类别、形状、大小进行归类，让孩子思考如何分类才是最优选择，如问"把玩具送回哪个家？""下次再送的时候怎么才不会迷路呢？"之类的问题，让孩子学会分类收纳的同时也提高了选择型专注力。

▶ "寻宝"游戏：在一个容器里放入大米，再混入一种豆类，让孩子把豆类挑出来。也可以将孩子喜欢的贴纸之类的物品混入大米中，让孩子"寻宝"！孩子不仅成就感满满，呼喊着"我找到宝藏了！"，还提高了选择型专注力，也能预防触觉敏感。

（3）转移型专注力游戏

转移型专注力指的是我们完成一件事后，将专注力收回，集中到下一件要做的事情中去。

比如，孩子在写作业的时候，又要看课本，又要写字，还要打草稿，孩子必须在这些注意项目中做转换，才能完成写作业这项任务。再如，课间休息后，要迅速安静下来上课，但有的孩子却沉浸在课间游戏中，无法集中专注力。当孩子缺乏转移型专注力的时候，可以玩以下游戏进行提高。

▶ "多色串珠"游戏：让孩子串红黄蓝、绿红蓝的颜色组合珠子，再慢慢增加颜色数量至4种、5种……通过这种方式，能让孩子专注于看到的事物，加以记忆、分析并作出适当的回应。

▶ "找位置"游戏：在一张白纸上画一个10×10的格子，一共100个格子，按顺序写上1~100的数字，相当于电影院的座位，然后让孩子拿一个棋子当小人，家长随机说出数字14、20、35、64等，设定一分钟，看孩子能放对多少次。

▶ "对对碰"游戏：家长和孩子一人一叠扑克牌，分别出牌，一边出牌一边按顺序说数字"1、2、3……K"。当说出的数字与打出的牌数字一样时，家长和孩子就要把手盖到桌面的牌上，输家要把桌面的牌收回，最后谁的牌先出完则谁赢。这类游戏能让孩子专注于看到或者听到的事物，加以分析并作出适当的回应，提高专注力和反应速度。

（4）持续型专注力游戏

持续型专注力指的就是孩子能维持注意力一段时间的能力。研究表明，孩子的专注力时长和年龄有很大关系，5~6岁时，一般为10~15分钟；7~10岁时，一般为15~20分钟；10~12岁时，一般为25~30分钟。家长可以记录完注意时长后做个对比，看孩子的专注力情况如何。

想提高持续型专注力的话，可以玩下列游戏：

- ▶ 走迷宫游戏：给一张迷宫图和一支笔，让孩子在5分钟内从入口找到出口。通常专注力不佳的孩子很快会放弃，这时候就需要家长一起，带着孩子观察迷宫路线，或者用手指先画一遍，之后再让孩子用笔走迷宫，如此就可以训练孩子的持续型专注力。
- ▶ 找宝藏游戏：在一本图画书里，让孩子找出对应的物品，比如苹果、香蕉、猴子等，这需要调用孩子的观察能力，久而久之就能起到锻炼孩子持续型专注力的效果。

（5）分配型专注力游戏

分配型专注力就是将注意力分配在不同工作项目上，比如孩子在课堂上，需要一边听老师的讲话，一边看黑板上老师的板书，一边做笔记，这就是一种分配型专注力的表现。如果孩子的分配型专注力不佳，学习时总要一直盯着老师听讲，等老师讲完再做笔记的话，这样就不容易跟上课堂的进度。

针对这方面专注力，可以和孩子玩"听故事找词"的游戏，念一篇符合孩子年龄的故事或寓言，比如乌鸦喝水的故事，"一只乌鸦口渴了，他在低空盘旋着找水喝。找了很久，他才发现不远处有一个水瓶，便高兴地飞了过去，稳稳地停在水瓶口，准备痛快地喝水了。可是，水瓶里水太少了，瓶口又小，瓶颈又长，乌鸦的嘴无论如何也够不着水。这可怎么办呢？……"讲完故事后，让孩子数一数"乌鸦"这个词出现了多少次，念完后还要让孩子复述大概内容。刚开始玩，家长一定要控制难度，从少的词语增加到多的，甚至一次找二三个词语。

2 互动游戏专注力训练

互动游戏专注力训练旨在通过家长与小朋友一起互动的游戏，提高孩子专注力的同时，增强孩子的人际交往能力。

(1)"它在哪儿"游戏

取三张不同的牌（去掉花牌），随意排列于桌上，如从左到右依次是梅花3、黑桃8、方块7。选取一张要记住的牌，如梅花3，让孩子盯住这张牌，然后把三张牌倒扣在桌上，由家长随意更换三张牌的位置，然后让孩子报出梅花3在哪儿。也可以用三个纸杯倒扣在桌上，其中一个放置乒乓球等小物件，随意移动三个纸杯位置，然后让孩子说出"它在哪儿"。如果说对了，孩子就获胜，两人轮换做游戏。随着孩子能力的提高，家长可以增加难度，如增加牌或杯子的数量，变换牌或杯子的位置和次数。这类游戏可锻炼孩子注意力高度集中的能力，以及孩子的视觉追踪能力。

(2)"萝卜蹲"游戏

这个游戏可以在学校里由老师组织玩。将孩子分成人数相等的三组，一组代表萝卜，一组代表苹果，一组代表西瓜。老师喊口令："萝卜蹲，萝卜蹲，萝卜蹲完苹果蹲。"喊哪一组蹲，哪一组要快速蹲下。喊另一组，前一组的孩子要快速站起。未按口令做动作的孩子算失败，也可以由孩子来发令。此款经典游戏能让孩子集中注意力在听觉上，增强听—动反应能力，同时也非常有趣。

（3）"大小西瓜"游戏

这个游戏可以在学校里由老师组织玩。小朋友站成圈，老师指定一个孩子当排头，说"大西瓜"，但两手比成小西瓜的样子；接着第二个孩子说"小西瓜"，但两手比成大西瓜的样子，依次直到最后一人。也可以由老师来说口令，说大西瓜，小朋友要比成"小西瓜"的动作；说小西瓜，小朋友要比成"大西瓜"的动作，哪位没做对则邀请他为大家表演一个节目。这个游戏有助于孩子专注于听到的口令，加以分析后转换成动作，有助于破除思维定式和思维惯性。

（4）反口令游戏

爸爸或者妈妈说一个口令，孩子按照这个口令做出相反的动作。例如家长说"向前一步走",那孩子就要向后退一步;家长说"摸头",并比划摸头的动作,孩子要摸除了头外的身体部位。孩子和父母轮流做,并逐渐加快速度,按照规定的时间计算各自正确的次数,也可设定一定的奖励方式增强游戏的趣味性。这个游戏既可以增强亲子交流,又可以训练孩子的听知觉能力和反应能力。

(5)玩"开火车"游戏

这种游戏要三人以上,一家三口就可以完成,当然如果有爷爷奶奶或其他人参加,那就更好了。为了叙述的方便,现以三人为例,方法是:三人围坐一圈,每人报一个站名,通过几句对话来开动"火车"。

比如,爸爸当作北京站,妈妈当作上海站,孩子当作广州站。爸爸拍手喊:"北京的火车就要开。"大家一齐拍手喊:"往哪儿开?"爸爸拍手喊:"广州开",于是,当广州站的儿子要马上接口:"广州的火车就要开。"大家又齐拍手喊:"往哪儿开?"儿子拍手喊:"上海开"。

这样火车开到谁那儿,谁就得马上接得上口。"火车"开得越快越好,中间不要有间歇。

这种游戏由于要做到口、耳、心并用,因此能让注意力高度集中，同时也锻炼了思维快速反应能力，而且这种游戏气氛活跃，能调动人的积极性，孩子玩起来乐此不疲。

（6）乒乓球抗干扰游戏

刚开始，让孩子把球放在球拍上，绕桌子行走一圈，要求乒乓球不能掉下来。待孩子能做到后，依然让孩子把球放到球拍上绕桌子一圈，家长可以在旁边捣乱，但不能碰到他的身体。比如一会儿拍手跺脚，一会儿大喊大叫，还一边说"掉了！掉了！"

孩子可能忍不住会笑，但又不得不保持镇定和集中注意力，继续完成游戏。本来一个人保持平衡控制乒乓球不掉下来就需要保持注意力高度集中，这已经相当不容易了，如果旁边再有人进行干扰，就会觉得更难以集中注意，从而做到加强锻炼孩子高度的注意力。

（7）多米诺骨牌

多米诺骨牌是一种用木制、骨制或塑料制成的长方体骨牌，它的尺寸、重量标准都参照了多米诺运动的规则。玩时将骨牌按一定间距排列成行，轻轻碰倒第一枚骨牌，其余的骨牌就会产生连锁反应，依次倒下。

大约有七成难以集中注意力的孩子，通过多米诺骨牌的游戏，耐心得到长足的进步。多米诺骨牌训练其实是考验孩子能将单一的动作坚持多久的一个训练，对心神的专一和心神集中的持续时间都是一个极好的练习。

不妨试试吧！这个游戏不仅能提升孩子专注力，还能促使孩子对学习的"单调"产生更强的耐受性。

3 自我练习专注力训练

（1）按顺序找数字（舒尔特方格）

这是一个在心理学中用来锻炼注意力的小游戏：在一张有 25 个小方格的表中，将 1~25 的数字打乱顺序填写在里面，然后以最快的速度从 1 数到 25，要边读边指，同时计时。

研究表明：7~8 岁儿童按顺序找每张图表上的数字的时间是 30~50 秒；正常成年人按顺序找每张图表上的数字的时间是 25~30 秒，有些人可以缩短到十几秒。可以自己多制作几张这样的训练表，每天训练一遍，相信注意力水平一定会有所提高。

（2）鹦鹉学舌

广播、电视播送新闻时，他（她）说一句，你学一句，你嘴上学上句时，耳朵要注意下句，否则你就接不下去。每天 5 分钟左右即可，连续一个月，就能"跟得上"，到连续学 10 分钟不错 5 个字时，你的注意力专注度就达到良好了。

这种游戏可以经常玩玩，以训练自己大脑的专注度。

（3）抄书

给自己购置一本喜欢的摘抄笔记本，将你喜欢的图书、报刊上的好文章抄到一个专门的摘抄笔记本上。刚抄时，一次看的字数不得少于六个，依次增加，当你平均每次能看（记住）约十五个字时，你的注意力的专注性已经训练得很不错了。这种训练能同时锻炼记忆力和专注力，可以经常练习，好词好句也能同时积累起来。

（4）"过河"游戏

用一个小碗或者杯子装上弹珠，让孩子拿着筷子或夹子把里面的弹珠夹到另一个碗里，就算"过河"成功。游戏过程中只能筷子接触到弹珠，其余物品或孩子身体不能接触到弹珠。比如可以在指定时间内（一分钟），夹起指定个数（十五个），就算挑战成功；或者约定夹起的个数（十五个）时，用时多少，依次记录，挑战最短时长，不断自我突破。

一开始，孩子可能因手部精细动作还不足，夹不起弹珠，可以改夹红枣，等越来越熟练了再换成夹弹珠。

（5）"穿项链"游戏

家长先用剪刀把吸管剪成小段，也可以鼓励孩子自己用儿童剪刀剪成小段，再用合适的绳子把它们串起来，串成自己喜欢的"项链"。这个穿孔游戏的难点对于3岁多的孩子来讲，在于剪吸管的那一环，穿孔的那个环节相对简单。

家长可以在孩子还不会使用剪刀的时候，把吸管先剪短一点，然后再慢慢增加长度。这个游戏可以锻炼孩子使用剪刀、小肌肉运动技能、穿孔的动作，同时可以增强专注力。

（6）水杯、筛子和海绵

家长提供两个水杯，让孩子用两个水杯相互倒水；再在水杯里撒入豆子，让孩子用筛子把水里的豆子滤出来；最后提供一块海绵，让孩子用海绵把水盆里的水吸到杯子里。

在这个过程中，孩子不仅学会了倒水、筛子的使用方法、海绵的吸水特性，同时锻炼了手眼协调能力、小手臂肌肉控制能力及手指抓握能力，适合3岁前孩子的专注力训练。

（7）切切乐

家长准备一根香蕉，让孩子学着剥开香蕉皮，在切板上把香蕉切成小段，香蕉皮和香蕉分别放在两个小碗里，注意使用儿童专用刀具，确保安全性。等孩子切的动作熟练后，可以把香蕉换成番茄、青瓜、苹果等食物，逐步提高难度，增强手部肌肉力量。通过简单的生活操作，就能让孩子增加对食物特性的认知，学会剥、切的动作，以及学会辨认颜色和进行分类。

厨房其实是训练孩子专注力特别好的场所，有时我们并不需要特意给孩子准备玩具，厨房对于孩子而言就是一个玩具宝库，只要在确保安全的前提下，孩子就能在玩中学、学中玩，不仅训练了生活技能，也在不知不觉中训练了逻辑思维能力和专注力。

（8）石头画

家长找一些石头，洗干净后让孩子给石头上色，画成孩子想画的样子。也可以在去沙滩等地方游玩时，让孩子捡一些喜欢的石头，捡回来的石头可以让孩子自己先洗干净，然后随意涂鸦。既满足了玩水的欲望，又满足了绘画敏感期的需求；既培养了孩子的想象力和艺术细胞，又让孩子在沉浸于自己的创作时训练专注力。

（9）创意水枪画

支起画板，给水枪装上有颜色的水，让孩子对着画板射击，直到孩子玩累为止，一幅美轮美奂的画作就完成了。也可以给孩子换上泳衣，戴上泳镜，让孩子用带有颜色的水枪在浴室的墙上随意作画，回头用水把墙壁冲洗干净即可。孩子沉浸于这种创作型的游戏中，忘乎了时间的存在，不仅能充分地体验到创作的快乐，还能培养丰富的想象力与创造力。

（10）拼贴画

从各种包装纸和废旧杂志上剪下各种图片和图案（可以让孩子用安全剪刀自己剪），给孩子一个胶棒，可以一边教孩子事物的名字，一边创作拼贴画。这种游戏能够让孩子练习剪刀和胶棒的用法，记住事物的名称。而且孩子专注于拼贴的创作过程，就是一项综合型提高孩子认知水平、手部运动、专注力的训练过程。

（11）用豆子描绘图案

家长在纸上画出几何图形，让孩子拿豆子把图形沿线摆出来。一开始可以是简单的直线，再到圆形、正方形、长方形、菱形、心形等，一边画一边教孩子这是什么形状，有什么特点。随着孩子认知的提升，可以画立体几何图形让孩子继续用豆子描绘图案。这种简单有趣的方式能够提高孩子的空间知觉能力，锻炼手指精细动作，提升孩子专注力。

（12）画在地上的迷宫

家长用彩色胶带在地上贴出迷宫，让孩子转圈圈走迷宫。一开始可以把迷宫设计得简单些，让孩子先获得成就感，然后再逐渐根据孩子的能力增加难度和趣味性，比如加上障碍物等。这种训练能锻炼孩子的身体平衡及逻辑思维能力，提升专注力。

（13）弹珠数数

家长将弹珠分别按照1~5的数量摆放五份，再给孩子写着1~5的数字卡片，让其对应找出相应数目的弹珠，并把数字卡片放在对应数量的弹珠下面。这种训练能够帮孩子建立数与量的对应关系，同时，孩子在数数、思考、摆放卡片的过程中不仅锻炼了数学思维，也锻炼了专注力。

（14）纸箱的艺术创作

给孩子准备一个纸箱、一盒水彩笔、一支胶棒，以及从各种包装纸和废旧杂志中剪下的各种图案，让孩子随意创作。

绘画敏感期的孩子非常喜欢到处涂鸦，家里的墙壁和家具几乎难以幸免。而且这个阶段的孩子非常喜欢属于自己的私密空间，毕竟他们正处于自我意识敏感期，渴望独立。所以，这个纸箱里的艺术创作的活动能够充分吸引孩子，让孩子沉浸在自我创作的过程中，不知不觉提升了专注力。

（15）沙滩寻宝游戏

在沙堆中埋一些小玩具或卡片当"宝藏"，给孩子一把儿童铲，让他去挖掘和发现，看看能在给定的时间内找到多少"宝藏"。这项游戏不仅需要孩子运用手部肌肉的配合来锻炼手眼协调能力，也需要孩子很高的注意力和耐性。一开始可以把范围划定得小些，或埋藏的"宝藏"密集一些，让孩子有寻到宝藏的成就感，后来可以增加难度，把寻宝范围扩大或把"宝藏"藏得隐秘点，训练孩子的耐心。

（16）白纸上的数字练习

家长准备一张白纸，上面打印好 10 行 ×10 列的随机个位数，让孩子用笔把指定的数字划掉，比如"划掉数字 2"，给孩子计时；另外打印一组 10 行 ×10 列的数字，其中包含相邻数字加起来等于 10 的组合，让孩子把相邻的数字加起来等于 10 的组合圈起来；还可以直接给孩子一张白纸，家长说出一组 5 个数字，并让孩子写下来，可逐渐增加难度，也可尝试倒着写。这些训练工具简单，只需要一张白纸、一支笔便可完成，坚持练习孩子的专注力将会得到提升。